박원갑의
부동산 투자 원칙

박원갑의 부동산 투자원칙

투자 심리를 활용한 노후 부동산 성공 법칙

| 박원갑 지음 |

한국경제신문

부동산 투자는 심리다

"작은 상가나 한 채 사려고 해."

금융권 구조조정 바람이 휘몰아친 지난겨울, 모처럼 저녁을 함께한 대학 선배 P씨는 대뜸 상가 얘기를 꺼냈다. 그는 증권사의 PB센터장으로 명예퇴직하면서 억대의 퇴직금과 위로금을 받는데, 그 돈과 저축금을 합쳐 상가를 구입하기 위해 요즘 다리품을 팔고 있다고 말했다. 주식과 펀드 투자에서 나름대로 탄탄한 입지를 쌓았던 P씨로부터 그런 말을 듣는 것은 의외였다. 내로라하는 금융전문가인 만큼 노후 자산을 대부분 금융상품으로 구성할 것이라고 예상했기 때문이다. P씨는 "쌈짓돈이라면 모를까 목돈 대부분을 변동성이 큰 금융자산에 투자하기에는 솔직히 불안하다"고 털어놨다. 식사가 끝난 이후에도 선배의 말을 이해하기 어려웠다. 하지만 집으로 돌아오는 지하철 안에서 문득 '심리'라는 단어가 떠올랐다. 심리적인 요소를 빠트리고선 제대로 된 노후 자산 재설계가 어려울 것이라는 점이다. 부동산은 일반적으로 금융자산보다는 수익도 낮고 효율적이지 못하지만 마음은 편할 수 있다. 주가의 등락에 일희일비하지 않아도 되고, 실물자산이니 태풍이 불어와도 허공으로 사라지는 일은 없을 테니까 말이다. 수시로 흔들리는 사람에게 비환금성 자산인 부동산은 재산을 지키는 데 적지 않은 도움을 줄 것이다. 부동산이 이처럼 나름대로 효용이 있으니 선배의 선택은 어찌 보면 현명할 수 있겠다는 생각이 들었다.

나이 들어 부동산은 무조건적인 배척의 대상이 아닌 것 같다. 그렇다고 무조건적인 사랑도 바람직하지는 않다. 섣부른 부동산 투자는 당신을 언제든지 배반할 수 있어서다. 하우스 푸어 사태에서 경험했듯이 부동산이 당신을 영원히 지켜주진 않는다. 그렇다면 주식이나 채권은 안전한가. 테마주나 작전주 같은 주식에 잘못 투자했다가 재산을 날린 사람이 주위에 어디 한둘인가. 안전한 고수익을 안겨주는 마법의 상품은 지구 상에 없다.

그동안 은퇴 세대를 많이 만나보면서 그들의 생생한 투자 성공담과 실패담을 들었다. 이를 통해 느낀 점은 누구에게나 통용되는 황금법칙은 없다는 것이다. 특정 자산에 대한 편견을 버리고 자신의 성격과 스타일에 따라 맞춤형 전략을 짜는 게 지혜로운 일이다.

이 책은 부동산으로 노후를 준비하려는 사람을 위한 가이드북이다. 이 책을 통해 전하고 싶은 메시지는 크게 네 가지다.

첫째, 조급증에 빠지지 마라. 많은 사람이 더 늙기 전에 재산을 불려야 한다는 '빨리빨리' 생각에 젖어 있는데, 이는 실패를 부른다. 월세 받기를 위한 부동산 자산 재설계는 돈이 어느 정도 모이는 퇴직 무렵으로 늦추는 게 좋다. 월세는 월급이 나오지 않을 때 받는다는 생각을 하라. 주택 다운사이징, 주택연금 가입, 전원생활 하기 역시 충분한 검토와 배우자와 협의를 거쳐 판단하라. 너무 서두르는 것보다 한 박자 늦추는 게 시행착오를 줄이는 길이다. 또 아파트를 통해 노후 준비를 하려는 사람이라면 앞으로 가격이 수시로 출렁일 것이므로 느긋하게 저점 매수한다는 생각을 가져라.

둘째, 부동산에 대한 인식을 바꿔라. 저성장 시대인 만큼 부동산도 과거처럼 무차별적 상승은 힘들 것이다. 부동산 투자는 최선보다는 차선으로 접근해야 할 것이다. 고수익보다는 보험으로 인식할 때 마음이 편하다. 말하자면 부동산을 재산이 다 털리는 것을 막는 데 유효한 수단으로 바라보는 것이다. 부동산은 투자보다는 필요로 구매할 때 여유와 편안함을 느낄 수 있을 뿐만 아니라 가격 스트레스도 덜 겪게 된다. 인지 능력이나 기민성이 떨어지는 노후에는 효율적이기보다 현명한 자산관리가 필요하다. 어느 시장이든 미래를 예측하는 전망은 대체로 적중률이 떨어지므로, 부동산시장 역시 전망보다는 대응하는 힘을 기르는 게 중요하다.

셋째, 지속적으로 실천 가능한 나만의 자산 재설계 전략을 짜라. 100점짜리 모범 답안을 추구하기보다 실행 가능한 80점짜리 답안이 더 나을 수 있다. 위만 쳐다보면 왠지 자신이 초라해지고 주눅이 든다. 남의 답안을 부러워하지 말고 내 형편에 맞는 최적의 안을 찾는 게 더 현실적이다. 1톤의 장밋빛 청사진보다 1그램의 작은 실천이 중요하다. 실패를 줄이기 위해서는 적어도 1년 정도는 현장 조사 등을 거쳐 스스로에게 제출하는 보고서를 작성하는 게 필요하다.

넷째, 부동산과 금융자산에 대한 이분법적인 구분을 지양하라. 물리적인 분류법보다는 통섭의 관점으로 현금흐름이 잘 나오는지 어떤지에 따라 가치를 판단하는 것이다. 검은 고양이든 흰 고양이든 쥐(현금흐름)만 잘 잡으면 되는 법이다. 현금이 잘 나온다면 나이 들어 부동산을 줄일 게 아니라 늘려도 좋다. 또 하나. 부동산과 금융자산을 구분하지 말고, 안전자산이면 늘리고 위험자산이면 줄이는 쪽으로 방향을 잡는 게 좋을 것이다. 안전자산은 신경이 덜 쓰일 뿐만 아니라 두 다리 쭉 뻗고 잠들 수 있는 마음 편한 상품이다.

이 책을 쓰면서 자신의 정확한 성격과 심리 파악이 자산관리 성패의 핵심이라는 생각이 들었다. 막상 계획은 이성적이고 합리적으로 짜놓고도 행동은 감정적으로 하면서 일을 그르치는 경우가 많기 때문이다. 많은 사람이 스스로에게 거짓말을 한다. 하지만 자신이 비합리적이고 비이성적인 인간이라는 것을 솔직히 인정하는 자세가 필요하다. 처음 자산관리 계획을 짤 때부터 충동적인 행동을 차단할 수 있는 완충장치를 마련해두는 게 현명할 것이다.

이 책은 단순한 부동산 재테크 서적과는 차원이 다를 것이라고 믿고 싶다. 부동산과 주식 투자의 생생한 사례는 물론 개인의 심리적 특성까지도 다뤄 독자들이 스스로 통찰력과 사유의 힘을 기를 수 있도록 노력했다. 그동안 자산 재설계 방법을 놓고 의사결정을 하지 못했던 사람들이 이 책을 읽고 방향타를 잡는 계기가 되었으면 하는 바람이다.

이 책은 부동산으로 은퇴 이후의 삶을 재설계하려는 40~50대를 주요 대상으로 삼았지만, 내 집을 마련하려는 30대, 노후 생활을 하고 있는 60대 이상에게도 도움이 될 것이다. 고령자들의 관심사항인 상속·증여 등을 다뤘을 뿐만 아니라 젊은 층에 필요한 부동산 시장을 보는 관점 등 기본기를 다지는 방법에 대해서도 많이 기술했기 때문이다.

책장을 넘기는 독자들을 상상하면서 어떻게 하면 쉽게 다가갈 수 있을까 많은 고민을 했다. 책을 읽지 않는 시대, 아무리 좋은 내용이라도 어렵다면 소용이 없기 때문이다. 가독성을 높이기 위해 각종 에피소드를 살려 이야기 방식으로 풀어냈다. 책 속의 인물은 전달을 쉽게 하기 위해 일부 각색했음을 밝힌다. 꼭 알아야 할 핵심만 묶어 군더더기를 최대한 없앴다는 점도 이 책만의 특징이다. 또 양심적인 글쓰기 차원에서 남의 글을 인용할 때는 최대한 출처를 남겼다. 미주로 처리했으니 읽는 데 크게 방해가 되지는 않을 것이다.

책이 나오기까지 많은 분의 도움을 받았다. 이 자리를 빌려 KB의 가치를 드높이느라 밤낮없이 고생하시는 윤종규 KB금융지주 회장 겸 국민은행장님, 박정림 WM총괄 부사장님, 김영길 IPS본부장님,

김정도 투자솔루션부장님께 깊은 감사의 말씀을 드린다. 책을 쓰는 데 직간접적으로 조언을 아끼지 않은 투자솔루션부 세무팀과 부동산팀에도 고맙다는 말씀을 전한다. 아름다운 책으로 만들어주신 한경BP 출판사에도 거듭 감사의 말씀을 올린다.

2017년 봄을 앞두고
박원갑

월급 없이도
든든하게
살 수 있다면

지키는 것이 최우선이다

'100세 인생 시대라는데, 노후에는 어떻게 살까.'

중장년이 되면 누구나 인생의 후반부인 노후 삶에 대한 생각이 많아진다. 꽉 짜인 생활에서 벗어나 자유로운 삶을 누릴 것이라는 설렘도 있다. 하지만 이보다는 가보지 않은 낯선 길에 대한 두려움, 불안감이 마음을 더 짓누른다. 걱정만 할 뿐 제대로 준비하는 사람은 드물다. 은퇴는 새벽 도둑처럼 갑자기 찾아온다. 그래도 살아야 하는 삶, 시간은 흘러 각자 나름의 은퇴 후 생활을 꾸역꾸역 꾸려나가게될 것이다. 도심에서 작은 일자리를 구하는 사람, 귀촌·귀농을 선택하는 사람, 이민을 떠나는 사람, 한적한 근교에서 카페를 차리는사람…. 마치 바람 부는 들판에 흩뿌린 종잇조각처럼 저마다 자기나름의 삶을 꾸려가게 된다. 한마디로 자신이 하고 싶은 대로 살아가는 '각자도생各自圖生'이다.

'은퇴 이후 이렇게 살아라' 라는 식의 많은 은퇴 지침서를 봐도 가슴 깊이 다가오지 않는다. 은퇴 이후 이상적인 삶은 몇 가지로 일반화하기 어려울 만큼 각양각색인 데다 저마다 살고 싶은 삶도 편차가 크기 때문이 아닐까 생각된다. 평생을 철학자로 살아온 박이문 교수는 "인생의 답을 찾아 헤맸지만 결국 답이 없다는 답을 얻었다"고 말했다.[1] 결국 인생에는 모범 답안이 없다는 것이고, 자신에게 맞는 답을 만들어야 한다는 뜻이다. 하지만 삶이 아닌 노후 자산을 재설계할 때는 정형화된 모델은 아니더라도 어느 정도 객관화된 기준이 존재한다. 그리고 노후 자산 재설계는 젊을 때와는 확실히 달라야 한다.

현금이 왕이다

노후 자산 재설계는 이익과 손실에 대한 접근, 투자 방식에서 일반 재테크와는 차이가 난다. 어찌 보면 당연한 말이겠지만, 노후 자산 재설계의 핵심은 수익보다 안전을 중심으로 꾸려야 한다는 것이다. 공격보다는 수성 전략이 되어야 한다. 은퇴 이후 투자에 실패하면 다시 일어서기가 힘들다. 무슨 수를 쓰더라도 원금에 손상이 가는 일이 없도록 해야 한다. 노동소득이 높지 않은 상황에서 원금이 훼손되면 복구가 힘들기 때문이다. 노후에는 손실을 두려워해야 하며 원금을 지키는 일이 무엇보다 소중하다.

또 나이 들어서는 현금에 대한 인식도 달리해야 한다. 즉, 현금 보유 행위 그 자체를 투자하는 것으로 생각해야 한다는 것이다. 현금의 범주에는 3개월 내에 현금으로 바꿀 수 있는 현금성 자산까지 포함해도 좋다. 사람들은 현금을 쥐고 있으면 마치 남들 다 하는 재테크를 게을리하고 직무유기를 하는 것처럼 생각한다. 하지만 현금 보유를 아무것도 하지 않는 게 아니라 더 나은 투자를 위한 준비라고 생각하면 조바심이 덜 생길 것이다. 섣부른 투자로 손해를 보기보다는 차라리 '현금이 왕'이라는 생각으로 돈을 쥐고 있는 게 낫다. 시장은 수시로 출렁이므로 이번이 아니더라도 투자할 기회는 꼭 찾아오기 때문이다. 인생은 길고 투자할 기회도 많다.

나이가 들수록 조급증을 버리는 것 또한 중요한 일이다. 원금을 지키면 조금 부족하더라도 안분지족할 수 있다. 주변을 둘러보라. 노년에 나락으로 추락한 사람들 대부분은 자신을 지켜주는 최후의 언덕이라고 할 수 있는 밑천을 잃어버렸기 때문이다. 원금을 잃어버리는 이유는 대개 성급함 속에 무리한 투자를 하기 때문이다. 많이 배운 사람이든 적게 배운 사람이든 실패하는 사람의 행동은 비슷하다. 하루라도 더 늦기 전에 원금을 더 불려놓아야 한다는 '빨리빨리' 생각이 일을 망친다.

은퇴 공포에 짓눌려 지나치게 호들갑을 떠는 것 역시 피해야 한다. 은퇴 이후 삶에 대한 '겁주기 식' 언론 보도 탓에 우리 모두 강박증에 시달리고 있는 것 같다. 노후 대비도 중요하지만 극단적으로

'폐지 줍는 노후'를 자신의 삶에 투영하면서 과도한 걱정을 하는 것은 문제다. 지금의 40~50대는 국민연금, 퇴직연금, 개인연금 등으로 소득 절벽의 완충장치를 어느 정도 갖춰 윗세대보다는 여유가 있는 편이다. 비록 연금은 기대 수준에 한참 모자라고 개인별 편차가 크지만, 그래도 노후에 기댈 수 있는 작은 언덕이 될 수 있다. 너무 겁먹지 마라. 어깨를 좀 펴고 당당해질 필요가 있다. 나이 들어 굶어 죽기는 생각보다 어렵다.

금융자산과 부동산을 구분하라

은퇴를 뜻하는 영어 '리타이어retire'는 인생의 바퀴를 다시 끼워 또 한 번 시작한다는 것을 의미한다.[2] 나의 후반부 인생을 위한 새로운 출발이다. 그런데 은퇴 설계를 준비하는 사람들이 잊지 말아야 할 게 있다. 바로 은퇴 설계는 인생 재설계와 자산 재설계를 합쳐서 구성(은퇴 설계=인생 재설계+자산 재설계)해야 한다는 것, 그리고 둘을 명확히 구분해야 한다는 것이다.

우선, 인생 재설계는 삶의 제2막을 어떻게 꾸릴 것인가 하는 것이다. 거칠게 말해서 정년퇴직 이후 뭘 하면서 삶의 보람을 찾을 것인지가 관건이다. 인생 재설계는 주관적인 선호와 욕망에 따라 구성하면 된다. 다시 말해 남의 눈치를 보지 않고, 각자 내면의 목소리에 따라 자신만의 진정한 삶의 가치를 찾아야 한다.

하지만 자산 재설계는 인생 재설계를 하듯이 하면 안 된다. 특히 부동산 재설계는 나 자신을 만족시키는 주관적 선호가 아니라 시장 참여자들의 객관적인 선호에 초점을 맞추는 것이다. 즉, 주관적인 가치에 함몰되지 않고 나 자신을 객관화하는 것이 부동산 재설계의 출발이다. 좀 쑥스러울지 모르나, 고등학교나 대학교 동기 10명에게 일일이 전화해서 한번 물어보라. 그들의 얘기에서 공통분모가 있을 것이고, 그것을 찾아내는 게 가장 쉽고 현실적인 객관적 선호 찾기가 아닌가 생각한다. 내 호주머니가 비어 있다고 다른 사람들의 호주머니도 비어 있는 게 아니다. 시장 가격은 돈으로 하는 다수결 투표에 의해 결정된다. 경험적으로 느낄 수 있지만 사람들의 안목은 대체로 비슷하다.

또 노후 자산 재설계에서 금융자산과 부동산은 서로 구분해서 접근해야 한다. 금융자산 재설계는 최대한 서두르는 게 좋다. 아무래도 젊었을 때부터 종신보험이나 연금저축 등에 미리미리 가입할수록 유리할 것이다. 하지만 부동산 재설계는 생각보다 늦추는 게 좋다고 생각한다. 사실 대도시에서는 가족이 편히 살 수 있는 집 한 채 제대로 장만하기도 벅차다. 이런 상황에서 노후를 대비하기 위한 수익형 부동산 구입에 대해선 사려 깊은 접근이 필요하다. 30~40대부터 월세가 나오는 수익형 부동산에 '올인' 하는 게 잘하는 일일까.

물론 노후 부동산 재설계의 핵심이 안정적인 현금흐름Cash Flow, 즉 월세의 확보에 있다는 것을 부정하는 것은 아니다. 그러나 하루하루 회사생활 하기에 바쁜 젊은 시절부터 여러 채의 부동산을 사들여 월세 받기에 나선다는 건 쉬운 일이 아니다. 주택에 대한 임대소득 과세가 강화되는 데다 관리의 번거로움, 넉넉하지 않은 자금 문제도 걸림돌이다. 월급을 받고 있을 때 여윳돈으로 부동산을 꼭 사고 싶으면 차라리 관리하기 편한 작은 아파트를 한 채 더 사라. 월세 중심의 부동산 재설계는 현직 때보다 퇴직 1년 전후부터 본격적으로 시작하는 게 좋다. 월세는 월급이 잘 나오지 않을 때, 월급 대신 받는다고 생각해야 한다. 이처럼 노후 대비 부동산 재설계는 금융자산과는 달리 접근해야 실효성 있는 답안이 나온다.

나이 들수록 마음 편한 게 최고다

우리는 대개 신경을 쓰는 것을 힘들어한다. 사소한 일까지 세심하게 주의를 기울이는 일은 여간 힘에 부치는 게 아니다. "내 신경 건드리지 마." 주변 사람들이 이런저런 일로 귀찮게 할 때 짜증 투로 이런 말을 내뱉는다. 이제 나이가 지긋한 중장년층이라고 해서 예외는 아니다. 오히려 은퇴 이후 미래에 대한 불안으로 괜히 주눅이 들고 신경이 더 예민해진다. 신경을 곤두세우면 스트레스를 겪기 마련이다. 이를 논리적으로 연결하면 이렇게 풀이 과정을 만들 수 있을 것 같다. 우선 신경을 쓴다는 것은 '마음의 비용'을 치르는 것이다. 소요되는 비용은 곧 내게는 손실이 될 것이고, 손실은 잃어버리는 것이니 고통이 될 것이다. 그래서 신경을 쓴다는 것은 고통스러운 것으로 귀결된다(신경 쓰기 → 마음의 비용 → 손실 → 고통).

　나이가 들면 대체로 복잡한 것을 싫어한다. 사안이 복잡할수록 그만큼 신경이 많이 가기 때문이다. 그래서 나이가 들수록 뭐든 마음 편한 게 최고다. 생각해보라. 내게 마음 편한 자산이 무엇인지를. 바로 안전자산을 늘리는 것, 이것이 노후자산 재설계의 제1 원칙일 것이다. 안전자산은 곧 두 다리 쭉 뻗고 밤잠을 잘 수 있는 자산일 것이다. 만약 보유하거나 투자한 자산으로 밤잠을 설친다면 편히 잘 수 있을 만큼 투자금액을 줄이면 된다. 감당하지 못할 만큼 위험한 자산을 많이 보유하면 하루하루 스트레스에 짓눌려 살게 된다. 스트레스가 누적되면 영혼까지 피폐해진다. 세상에 공짜는 없는 법이다. 높은 수익을 얻기 위해서는 정신적으로든 육체적으로든 스트레스라는 비용을 치러야 한다. 수익은 '마음의 비용'에 대한 보답에 불과하다.

필요가 투자보다 먼저다

"일단 투자했다가 돈이 필요할 때 팔죠, 뭐."

서울에 거주하는 전업주부 김영순(가명 · 52) 씨는 맏아들 결혼자금을 왜 다세대주택에 투자하느냐는 질문에 이렇게 말했다. 김씨의 생각은 거주지 부근 2억 원짜리 다세대주택을 사서 월세를 받다가 맏아들 결혼을 앞두고 매각해서 결혼자금으로 쓰겠다는 것이다. 맏아들은 현재 울산에서 근무 중이다. 그러나 다세대주택은 일반적으로 환금성이 떨어진다. 편의시설이 미흡하고 주차장도 좁아 주거 여건이 아파트 단지보다는 못하다. 더욱이 세를 안고 있는 집은 만기가 되기 전에는 매각이 여의치 않다. 따라서 아들의 결혼자금 몫을 부동산 같은 비환금성 자산에 투자했다가 단기간에 현금화한다는 것은 쉬운 일이 아니다. 투자처와 아들 근무지가 달라 나중에 거주용으로 사용하기도 어렵다.

돈이 필요할 때 운이 좋아 주택이 팔린다고 해도 그것은 요행에 불과하다. 김씨의 자산관리에서 문제는 돈의 성격을 분명히 인식하지 못했고, 그 결과 자금 운용에서 '필요'와 '투자'를 구분하지 못했다는 점이다. 아들의 결혼자금은 꼭 필요해서 마련한 필수자금이다. 갑부가 아닌 이상 서민 입장에서 이 돈을 투자했다가 필요한 시기에 회수하지 못한다면 낭패를 당할 수밖에 없다. '아무리 좋은 투자처라도 자녀 결혼자금으로 투자하지 마라'고 조언하는 것도 이 같은 이유에서다.

우리 아버지 세대는 사용처에 따라 돈을 섞지 않고 따로 모아두었다. 예컨대 큰딸 시집갈 돈, 막내아들 학자금, 아파트 중도금을 각각 따로 저축해둔 것이다. 어디 유망한 곳에 투자한다고 돈을 빼서 옮기지는 않았다. 투자 마인드가 요즘처럼 강하지 않았기 때문일 수도 있다. 사용처가 정해진 돈을 잠시 다른 용도로 옮겨 투자하는 일은 상품의 성격을 제대로 모르거나 지나친 투자 지향적 사고에서 기인한다. 남들은 다 투자해서 돈을 버는데, 나만 뒤처질 수 없다는 경쟁 심리, 어디라도 투자를 하지 않으면 손해 보는 것 같은 상대적 소외감이 투자 조급증을 부른다.

하지만 필요는 투자보다 우선순위가 되어야 한다. 집도 투자보다 필요로 구매하면 맘이 편하다. 가령 같은 아파트를 분양받더라도 시세차익을 노린 투자일 때는 가격이 춤출 때마다 가슴이 조마조마하다. 하지만 노후 생활비를 충당하기 위한 월세를 목적으로 분양을 받을 때는 수시로 출렁이는 가격 변동에도 덜 불안하다. 월세를 놓기로 했다가도 사정이 여의치 않을 경우 자신이 입주하겠다는 탄력적인 생각을 가진다면 마음이 더욱 평온해질 것이다. 투자는 필요를 충족한 뒤 그다음 여력이 있을 때 하는 것이다. 필요에 따른 자금 운용은 사람에게 여유와 느긋함이라는 마법을 안겨준다. 투자가 필요보다 앞설 경우 삶도 그만큼 살얼음판이 된다. 자신에게 물어보라. 당신이 사려는 부동산의 목적이 투자인가, 필요인가.

02

'마법의 상품'은 없다

"세상에는 노련한 조종사와 용감한 조종사는 있다. 그러나 노련하고도 용감한 조종사는 없다." 제2차 세계대전 당시 영국 공군에서 나돌았던 말이다.[3]

그 분야의 경험이나 기술이 많이 쌓인 베테랑에게서 노련함은 나온다. 이런 베테랑에게 과감한 행동을 기대하기는 어려울 것이다. 무식하면 용감하다는 말이 있다. 용감함은 덜 익어야 나오는, 약간의 무모함이자 도전의식이다. 용기 그리고 씩씩하고 기운찬 모습은 용감함의 또 다른 표현이다. 반면 일 처리에 능수능란한 노련함은 축적된 경험에서 나온다. 산전수전 다 겪은 노장은 아무래도 조심스러워하고, 신중하게 행동하려고 한다. 예기치 못한 변수들이 많은 상황에서 함부로 덤벼들었다가는 오히려 화를 초래한다는 사실을 경험적으로 잘 알고 있어서다.

우리가 자주 찾는 음식점으로 비유해보자. 경험적으로 맛있는 음식점도 있고 친절한 음식점도 있지만, 맛있고 친절한 음식점은 드물다. 생각해보라. 맛이 있어 소문이 나면 고객은 알아서 찾아온다. 고객이 넘치면 직원들은 굳이 친절이라는 '정서적 서비스'를 베풀어야 한다는 압박감이 덜하다. 물론 음식점 주인은 직원들에게 주인의식을 가지라고 다그칠 것이다. 하지만 직원은 직원일 뿐 주인이 아니다. 고객을 무생물 대하듯 무표정한 얼굴이다. 고객들도 "어쨌든 맛이 있으니까"라고 스스로 체념하며 먹고 또 찾는다. 친절보다 맛에 몰두한다.

요컨대 이들 사례는 상반될 수 있는 두 가지 목표를 동시에 다 가질 수 없다는 것, 결국 하나를 선택해야 한다는 것을 뜻한다. 하나를 선택한다는 것은 나머지를 포기하는 것이다. 자, 두 갈래 길에서 당신은 어떤 선택을 할 것인가. 어떤 선택을 하든 100% 만족할 수는 없다. 이럴 때는 '40% 만족'을 주는 쪽보다 '60% 만족'을 주는 쪽을 선택해야 한다. 혹은 나중에 더 후회할 쪽보다 덜 후회할 쪽을 선택하는 것이다. 그러나 현실적으로 이 간단한 이치조차 고려하지 않는 경우가 많다. 누구나 알 수 있는 세상의 법칙을 애써 무시하는 것은 과욕 때문이다.

수익과 안전, 두 마리 토끼를 잡는다?

많은 사람이 안전성과 고수익을 겸비한 상품을 찾는다. 하지만 이론적으로나 현실적으로나 존재하기 어렵다. 안전과 고수익은 양립할 수 없다. 고수익은 가격의 변동성에서 나온다. 가격이 춤추지 않고서는 고수익은 있을 수 없다. 안전하다는 것은 가격의 변동성이 낮다는 의미다. 달리 말하면 원금이 거의 훼손되지 않는다는 것이다. 그래서 안전한 고수익 상품은 애초부터 설계가 불가능하다. 대가를 얻기 위해서는 비용을 치러야 한다. 상품의 안전성을 높이려면 수익성을 어느 정도 포기해야 한다. 반대로 수익성을 높이려면 원금을 떼일 각오를 해야 하고, 가격 변동에 따른 스트레스도 견뎌야 한다.[4]

이처럼 수익과 안전은 반비례 관계다. 이런데도 많은 사람이 두 마리 토끼를 잡으려고 한다. 이는 밤늦게까지 피자, 햄버거, 삼겹살 같은 고열량 음식을 먹으면서 몸무게를 줄이겠다고 다짐하는 것과 같다. 안전한 고수익 상품이 있다고 선전하는 것은 기본적인 금융 상식을 잘 모르거나 사기꾼일 가능성이 크다.

가끔 당신은 은행의 예금금리가 너무 낮다고 투덜거린다. 하지만 달리 한번 생각해보자. 당신은 투덜거릴 때 이자만 생각할 뿐 돈을 맡길 때 느끼는 '마음의 편익'을 빠트렸다. 이자 수익이 낮은 것은 원금을 떼일 만한 위험 요인이 거의 없기 때문이다. 만약 마음의 편익을 포함해서 계산한다면 낮은 예금금리에 대한 실망은 다소 줄어들 것이다. 이 세상에 마음의 불편함이 없는 고수익은 없다.

미국의 경제학자인 레스터 서로Lester Thurow는 "지혜는 마법의 해결사가 없다는 것을 받아들이는 데서 출발한다"고 말했다.[5] 자산시장도 마찬가지다. 지혜는 안전하면서도 높은 수익을 안겨주는 마법의 상품이 없다고 생각하는 데서 생긴다. 현실을 직시하자. 답답한 일상에서 벗어나게 하는 마법을 꿈꾸는 것은 좋지만, 그것을 자산시장에서 찾았다가는 자칫 돌이키지 못할 깊은 수렁에 빠질 수 있다.

'사람이 오래면 지혜요, 물건이 오래면 귀신'이라는 속담이 있다. 사람이 오래 살면 경험을 많이 쌓아 사물의 이치를 깨닫고 지혜롭게 행동하지만, 물건은 오래되면 쓸데없게 된다는 뜻이다. 속담대로라면 나이가 들수록 지혜로운 사람이 되어야 하지만 일상생활에서라면 모를까, 고령자들이 자산관리를 하는 것을 보면 꼭 그렇지는 않은 것 같다.

나이가 들면 귀가 얇아지는 걸까. 기획부동산의 유혹에 넘어가 쓸모없는 시골 임야에 투자한 사람들을 보면 젊은이보다 고령자들이 많은 것 같다. 주소만 한번 확인해도 충분히 판단할 수 있는 일인데, 대명천지인 요즘도 어처구니없는 일들이 곳곳에서 일어난다. 혹시나 그 땅을 내 인생의 주름을 펴줄 마지막 구세주로 생각한 걸까. 하지만 꽉 막힌 노후를 뻥 뚫어주는 청량제 같은 고수익 상품은 존재하지 않는다. 처음부터 과도한 기대를 접어야 그나마 평균적인 노후 생활을 꾸려나갈 수 있다.

도넛형 투자 vs 베이글형 투자

요즘 제과점에서 흔히 볼 수 있는 도넛과 베이글은 생김새가 고리 모양으로 엇비슷하다. 하지만 내용 면에서는 큰 차이가 난다. 베이글은 밀가루·이스트·물·소금만으로 만들어 지방과 당분 함량이 적고 칼로리도 낮은 편이다. 그래서 딱딱하고 담백한 맛의 베이글은 젊은 여성들에게 다이어트용으로 인기다. 그렇지만 도넛은 겉으로 봐도 설탕을 묻혀놓아 단맛이 난다. 달콤하고 부드러워 자꾸 먹다 보면 비만으로 이어지기 쉽다.

도넛형 투자자는 투기적 수익을 추구하는 사람, 베이글형 투자자는 안정적 수익을 추구하는 사람으로 비유할 수 있을 것이다.[6] 단기적으로 도넛형 투자자가 고수익을 올릴지는 모르지만 장기적으로는 승자가 되기 어렵다. 고수익을 얻기 위해서는 가격이 롤러코스터처럼 심한 변동을 동반하기 마련이다. 하지만 베이글형 투자자는 지속적으로 안정적 수익을 챙기는 스타일이다. 노후 자산관리를 할 때는 당연히 도넛형 투자자보다는 베이글형 투자자가 되어야 할 것이다. 나이가 들면 단기적으로 기민하게 대응하기 어렵다. 따라서 수익이 다소 낮더라도 오랫동안 안정적으로 얻을 수 있는 자산 재설계가 좋다. 그래야 무슨 일이 생기더라도 정신건강에 해가 가지 않고 원금 손실도 막을 수 있다.

주식으로 따지면 도넛형 투자는 성장주나 테마주, 베이글형 투자는 배당주나 가치주 매입이 각각 해당할 것이다. 부동산에서 도넛형 투자는 시세차익 목적으로 구입하는 분양권이나 '갭 투자' 아파트가, 베이글형 투자는 안정적인 현금흐름(월세)을 창출할 수 있는 수익형 부동산이 될 것이다.

사기 피해 안 당하는 법

〈범죄의 재구성〉은 전문 사기꾼들의 속고 속이는 사기극을 그린 범죄 스릴러 영화다. 영화 끝 무렵 주인공이 내뱉은 말이 지금도 귓전을 때린다. "사기는 테크닉이 아닌 심리전이다.", "상식보다 탐욕이 큰 사람, 세상을 모르는 사람, 세상을 너무 잘 아는 사람은 사기에 걸려들 가능성이 크다." 영화 속의 단순한 대사일 수도 있는 이 말이 오랫동안 기억에 남는 것은 바로 사기의 본질을 관통하기 때문이리라.

사기는 누구나 쉽게 걸려들 수 있는 욕망의 그물이자 함정이다. 탐욕이 많든, 세상 물정을 모르는 무식한 사람이든, 많이 배운 사람이든 관계없이 사기에 걸려든다. 겉으로 보면 사기에 전혀 걸려들지 않을 것 같은 멀쩡한 사람도 예외가 아니다. 왜 그럴까. 아마도 사기가 돈을 더 손쉽게, 더 빨리, 더 많이 벌 수 있다는 본능적인 욕망을 자극하기 때문이 아닐까. 인간인 이상 '욕망의 집어등'에서 벗어날 수 없다. 잠시 의식적으로 통제할 수는 있겠지만, 오래 버티지 못하고 결국은 욕망에 휩쓸린다. 그런데 요즘은 통찰력으로 가득 찰 것 같은 사회 저명인사들도 의외로 사기에 자주 걸리는 것 같다.

사기를 치는 사람은 우리가 평소 생각하는 것과는 달리 평범한 사람이다. 얼굴에 칼자국 있는 사기꾼은 드물다. 인상이 험악한 사람은 달콤한 말보다 근육을 과시하는 수법으로 목표를 달성하기 때문이다. 무슨 요구든 다 들어줄 것 같은 천사의 얼굴을 가진 사람, 영롱한 사슴 눈망울로 나긋이 귓속말로 속삭이는 사람을 경계하라. 그리고 단박에 세상을 구원할 것처럼 떠벌리는 사람, 말을 단도직입적으로 하는 화끈한 사람, 대인지능이 높아 낯선 사람과 잘 사귀는 호감형 사람도 조심하라. 이런 사람에겐 당신이 쉽게 빠져들 것이고 사기꾼은 그사이 당신의 빈틈을 노린다. 특히 나이 들어 고립되어 있으면 판단력이 떨어져 작은 유혹에도 쉽게 넘어간다. 노후에 사기에 걸려들면 한마디로 파국이다. 노후 파산은 사기 피해의 결과물인 경우가 많다. 그래서 사기에 휩쓸리지 않는 것은 노후 설계에서 원금 보전 원칙 못지않게 중요한 가치가 되어야 한다.

사기에 걸려들지 않기 위해선 합리적 의심을 가지는 게 좋다. "저 사람은 나에게 왜 자선을 베푸는 걸까." "그렇게 좋은 부동산인데 왜 지금까지 팔리지 않고 있는 것일까." 상대방이 제시한 당근을 두고 "왜"라고 진지하게 묻는다면 사기에 걸려들 확률이 확 줄어든다. 사기꾼은 꼬치꼬치 캐묻는 까다로운 사람을 싫어하고 두려워하기 때문이다. 익숙한 것, 당연한 것으로부터 나를 낯설게 하는 방법도 사기 예방에 좋은 방법이다. 자신을 낯설게 한다는 것은 주관적 함정에 빠지지 않고 제3자적 시각에서 바라보는 것으로, 사기에 빠지는 것을 막는 심리적 면역주사 역할을 한다. 이러한 노력을 계속할 때 소음과 신호를 구분할 수 있을 뿐만 아니라 시장을 멀리 보는 통찰력을 기를 수 있을 것이다.

저축을 우습게 보지 마라

10년 전 은퇴한 김상인(가명·67) 씨는 요즘에도 매달 꼬박꼬박 저축을 한다. 수입이 불규칙해 저축액은 일정하지 않다. 많이 저축할 때는 한 달에 100만 원을 넘을 때도 있지만 적을 때는 5만 원이 채 안 된다. 은행에 들르기가 가끔은 귀찮지만, 조금씩 쌓이는 통장을 바라보면 흐뭇하다. 김씨는 "모아놓은 돈을 쓰기보다는 조금이라도 저축하는 게 보람이 있다"고 말했다.

'나이 들어 돈을 쓰기도 바쁜데, 무슨 저축이냐'고 생각하는 사람이 있을 수도 있다. 하지만 경제활동을 적극적으로 하지 않더라도 돈 들어갈 일이 의외로 많다. 작게는 부조금이나 손주들 용돈부터, 큰돈이 들어가는 집수리 비용까지 다양하다. 저축을 하면 목돈을 만들 수도 있고, 미래의 불확실한 위험에 대비할 수 있다. 하지만 더 큰 가치는 현재보다 미래를 위해 작으나마 희망을 저축한다는 사실이다. "돈은 쓰는 것보다 모으는 것이 더 재미있다"는 어르신의 말씀을 새겨들을 만하다. 나이 들어 과욕이라고 비난하지 마라. 미래의 꿈이 없는 삶은 이미 죽은 것이나 다름없다. 한 푼이라도 모으는 사람과 모으지 않는 사람은 확실히 삶의 태도에서 뭔가 다르다. 그 돈이 얼마 되지 않을지라도 소모적인 삶보다 저축하는 삶이 그래도 아름답다.

간단명료해야 오래간다

당나라 시인 백거이白居易는 시를 쉽게 쓰기로 유명했다. 시를 지을 때마다 글을 전혀 모르는 동네 노인에게 읽어주고, 이해하지 못하는 구절이 있으면 알아들을 때까지 고치고 또 고쳤다. 이러다 보니 나중에 발표된 시는 누구든지 쉽게 읽을 수 있었다. 그래서 '노구능해老嫗能解'라는 말이 생겨났다. 할머니가 능히 이해할 수 있다는 뜻이다. 그의 쉬운 시는 민중 속으로 파고들어 목동이나 말몰이꾼 입에까지 오르내렸다.[7]

쉽게 말한다는 것은 쉬운 일이 아니다. 많이 배운 사람일수록 쉬운 얘기를 어렵게 하려고 한다. 보통 사람들이 모르는 난해한 전문용어로 이야기하면 자신의 권위와 지위가 높아질 것으로 착각하기 때문이다. 하지만 진정한 전문성은 어려운 내용을 쉽게 풀어내는 능

력에서 드러난다. 어록처럼 핵심을 짧고 쉽게 말해야 호소력이 있는
법이다. 사안을 일일이 설명하는 것보다 짧은 속담이나 경구 한마디
에 사람의 마음이 움직인다. 다시 말해 진정한 내공은 간단명료함에
서 나온다.

초등학생도 이해하는 포트폴리오

나이가 들수록 뭘 하든 간단한 게 바람직하다. 만약 당신이 노후 포
트폴리오(자산 목록)를 짠다면 누가 보더라도 알 수 있을 정도로 쉽고
간단하게 하는 게 좋다. 연필로 5분 안에 그리지 못하는 포트폴리오
는 처음부터 짜지도 마라. 계획의 실행력은 바로 복잡하지 않은 데
서 나온다. 여기에 구체성을 담보한다면 지속적인 실행 가능성이 더
욱 커진다. 이리저리 얽혀 복잡하면 몸은 움직이지 않고 정신만 산
만하게 할 뿐이다.

　예를 들어보자. 누구나 중·고교 시절 방학 때 계획만 요란했지
실천은 작심삼일作心三日에 그쳤던 경험이 많을 것이다. 가장 큰 실패
이유는 계획을 지나치게 복잡하게 짰기 때문이다. 가령 공부 욕심에
30분이나 1시간 단위로 빽빽하게 시간을 짜고 학습량도 숨을 제대
로 쉬지 못할 정도로 최대한 늘린다. 그러나 공부는 생각만큼 잘 되
지 않고 학습 진도 역시 지지부진하다. 이제는 애초 계획이 제대로
실행되지 않은 것을 두고 자신을 끊임없이 책망한다. 처음 계획을

현실에 맞게 신속히 수정하기보다 모든 계획을 헝클어뜨리는 자기 파괴적 행동을 보인다. 완벽주의자 성격이 강할수록 이런 행동을 하는 경향이 나타난다. 애초부터 계획을 짜지 않은 것보다 더 못한 상황이 되어버리는 것이다. 처음부터 계획을 여유 있게 짰다면 상황은 달라졌을 것이다.

부동산으로 돌아가자. 노후에는 부동산 보유 개수가 많으면 관리 측면에서 비효율적이다. 사는 집을 빼고 한 채, 많아야 두 채를 넘지 않는 게 좋다. 여윳돈이 생길 경우 부동산 가짓수를 늘리기보다 그 돈으로 차라리 좋은 입지의 우량 부동산으로 갈아타는 게 낫다. 양보다 질로 승부를 거는 것이다. 수익형 부동산의 위치도 사는 곳에서 버스로 1시간 이내에 오갈 수 있는 거리가 좋다. 수익형 부동산은 마치 애완동물 키우듯 관심을 갖고 잘 보살펴야 한다. 예기치 않은 각종 위험은 대체로 나의 통제영역을 벗어날 때 발생한다. 금융상품도 남의 말만 듣고 투자하는 것은 위험천만하다. 잘 모르는 데 투자하는 게 투기다. 미국의 가치투자자 워런 버핏Warren Buffett은 정보기술주 투자 붐이 불었을 때도 굴뚝주(전통 산업 주식)를 편식하기로 유명했다. 여러 이유가 있겠지만, 정보기술 산업의 구조 자체가 굴뚝 산업보다 이해하기 힘들고, 미래를 확신하지 못해서가 아닐까 싶다.

나이가 들어서 투자를 할 때는 내가 상품을 충분히 이해해야 하는 것에 그치지 않는다. 초등학생이나 옆집 할머니가 상품을 이해하지 못하면 투자해서는 안 된다. 복잡하면 꼬이기 마련이다. 파생상품도 간단한 구조면 모를까, 복잡다단하면 수익이 높더라도 투자하지 않는 게 좋다. 투자하는 금융상품 가짓수도 스스로 관리할 수 있는 수준까지만 늘려라. 요컨대 나이 들어선 삶도, 사랑도, 투자도 '심플 simple · 이지 easy'가 최고다.

투자의 대가가 말년에 실패한 이유

"아버지가 말년에 매수한 주식은 거의 성공하지 못했다. (…) 아버지가 조금만 젊었더라면 그렇게 하지 않았을 것이다."

켄 피셔 Ken Fisher 는 아버지 필립 피셔 Philip Fisher 가 '성장주 투자의 대가'로 한 시대를 풍미했지만 노년에 투자 실력이 형편없었다고 솔직하게 털어놓는다. 아버지는 여전히 대화를 잘 나누었지만 주식 매매 타이밍을 번번이 놓쳤고 중요한 결정 앞에서는 판단력이 흐렸다. 노년에 내린 의사결정은 재산을 늘리기는커녕 오히려 줄어들게 했다. 그는 "늙은 나이에 뛰어난 투자자는 보지 못했다. 나이가 들게 되면 어떤 식으로든 투자 결정을 하지 마라"고 조언했다.[8]

나이가 든다는 것은 노화가 진행되면서 인지 능력도 젊었을 때보다는 떨어진다는 뜻이다. 인지 능력에는 지식, 사고력, 문제 해결력, 비판력, 창의력 등 정신 능력이 포함된다. 물론 인생을 관조하는 지혜나 통찰력에서는 젊은이보다 앞설 것이다. 하지만 고정관념에 사로잡혀 고집이 세지고, 새로운 것을 받아들이는 수용력도 떨어진다. 그뿐 아니라 상황 판단력이나 순발력은 젊었을 때보다 확실히 못하다. 더욱이 70세 이후에는 건강을 자신하지 마라. 멀쩡한 사람도 갑자기 인지장애의 일종인 치매성 질환을 앓을 수 있다. 인지 능력이 크게 떨어지는 상황에서는 변화무쌍한 금융시장에서 사소한 실수만으로도 돈을 날려버릴 위험성이 크다. 자산운용사의 한 펀드매니저는 "요즘 주식시장에서 성공하기 위해서는 최신 유행과 경향을 신속하게 포착하는 트렌드 워처Trend Watcher가 되어야 하는 것 같다"고 말했다.

이처럼 정글 같은 머니게임장에서 고령자들이 높은 투자 수익을 얻기는 쉽지 않다. 다 잃지 않으려면 나이 들어서는 무리한 투자보다는 평균수익률 개념으로 접근해야 한다. 남들 버는 만큼만 번다는 보수적인 생각으로 접근해야 한다는 뜻이다. 부동산에서도 시시각각으로 시세가 변하는 재건축이나 분양권, 손바뀜이 잦은 개발 예정지 토지 거래는 피하는 것이 좋다. 오히려 개발이 끝나 안정화 단계에 접어든 기존 도시의 부동산이나 투기적 수요보다 실수요가 많은 부동산, 현금흐름이 충실한 부동산을 사는 게 좋을 것이다.

핵심에 집중하는 가지치기의 지혜

"나이 들면서 좋았던 것도 있었겠지요?"
"몸이 말을 안 듣는데, 뭐 좋은 일이 있겠나? 하지만 나이를 먹으니 정말 중요한 게 뭔지 알게 돼. 부질없는 것에 얽매이지 않게 되더군."

영화 〈스트레이트 스토리〉는 느린 여행을 하는 한 노인의 힐링 에세이다. 73세의 앨빈 스트레이트는 평소 사이가 좋지 않던 형이 위독하다는 소식을 듣고 찾아가기로 한다. 그러나 앨빈에게는 승용차와 운전면허가 없다. 궁리 끝에 낡은 잔디깎이를 개조한 캠핑용 트랙터를 몰고 여행을 떠난다. 여정 500km의 길은 멀고 험난하다. 그는 길에서 만난 사이클 동호회 젊은이들과 야영을 하면서 짧은 대화를 나눈다. 인생의 황혼에 접어든 앨빈이 인생을 묻는 젊은이에게 던지는 메시지는 인상적이다. 그의 메시지는 '나이가 드니 대수롭지 않은 일에 연연하지 않게 되더라' 는 것이다. 한 젊은이는 삶의 지혜가 응축돼 있는 앨빈의 말을 듣고는 "멋진데요"라고 감탄한다.

부질없는 일에 얽매이지 않으려면 인생의 '가지치기' 가 필요하다. 가지치기는 곧고 마디가 없는 양질의 목재를 생산하기 위해 쓸모없는 가지를 잘라내는 것이다. 인생 설계든, 자산 설계든 나이가 들면 사안의 경중을 가리는 작업이 무엇보다 절실해진다. 진짜 중요한 것과 사소한 것을 구분하여, 중요한 것은 취하고 사소한 것을 버리는 것이다. 원하는 최종 목표를 이루기 위해서다.

대로변 상가건물 매입을 생각하고 있는 김형국(가명 · 56) 씨의 예를 보자. 김씨가 건물을 살펴보니 지상 3층짜리 건물은 대지가 넓고 임대수익도 안정적이지만, 엘리베이터가 없고 외관도 낡았다. 단점 없는 건물은 없는 법이다. 김씨가 나이 들어 임대수익을 얻기 위해 건물을 사는 것이라면 임대수익 목표에 가중치를 두고, 나머지는 잘

라내야 한다. 외관은 임대료를 모아 나중에 수리를 하면 된다. 또 3층 정도는 계단으로 오르내릴 수 있고, 나중에 증축할 때 엘리베이터를 설치할 수도 있다. 임대수익은 몸통이자 본질이고 외관과 엘리베이터는 곁가지이고 부차적인 것이다. 선택 과정에서 초점을 잡지 않고서는 고민만 커질 뿐 결론을 내리기 힘들다.

이처럼 현명한 의사결정을 하기 위해선 곁가지에 미련을 두지 말고 핵심에만 집중하는 게 필요하다. 곁가지를 버리면 마음은 새털처럼 가볍고 평온해진다. 과감한 결단을 하기 위해서는 때로는 간단하게 생각하는 것도 슬기로운 방법이다. 그리고 자신에게 묻는다. "다 버리더라도 꼭 가져가야 할 마지막 하나가 무엇인가"라고 말이다.

이쯤에서 한 가지 팁. 몸통과 곁가지를 구분하려면 '거리 두기'를 하는 것도 좋은 방법이다. 나무를 너무 가까이서 보면 몸통과 곁가지를 구분하기 어렵다. 조금 멀리 떨어져서 바라봐야 확실히 보인다. 거리 두기는 좀 더 냉철한 시각을 갖는 데 유용하다.

계획보다 한 박자 늦춰라

3년 전 서울의 한 중견기업에서 퇴직해 지금은 경기도 안산시에서 살고 있는 박진경(가명·62) 씨. 요즘 그는 아내와 자주 신경전을 벌인다. 아내가 서울 외손자를 봐주기 위해 집을 자주 비우면서 생긴 일이다. 아내는 맞벌이 부부인 큰딸이 육아의 어려움을 호소하자 아예 '돌보미'를 자처하고 나섰다. 혼자 적적한 것은 그렇다 치더라도, 수시로 서울까지 오가는 아내의 이동 거리가 만만치 않은 것도 마음이 쓰인다. 역시 커리어우먼인 서울 막내딸도 내년 결혼할 예정인데, 은근히 도움을 기대하는 눈치다. 박씨는 "자식이 결혼을 해서도 애프터서비스를 해줘야 하는 한국적 현실을 고려하지 않고 성급하게 거주지를 옮긴 것 같다"고 말했다.

아내는 안산 집을 팔고 다시 서울로 올라가자고 한다. 하지만 안산의 작은 회사에서 월 150만 원을 받기로 하고 근무를 시작한 그로서는 난처하다. 노후 재설계가 애초 예상치 않은 손주 육아 문제로 복잡하게 꼬인 것이다. 박씨처럼 노후 재설계가 곤혹스러운 상황으로 빠지지 않게 하려면 천천히, 여유를 가지고 실행에 옮겨야 한다. 남자들은 대부분 계획을 세우면 앞뒤 재지 않고 불나방처럼 덤벼든다. 목표 달성을 통해 자신의 존재감과 자긍심을 확인하려는 특성 때문이다.

노후 재설계는 돌발 변수를 고려하여 유연하게 짜는 게 좋다. 구상하고 있는 계획이 그대로 실행되지 않고 변경될 수 있으므로 어느 정도 완충장치를 두는 것이다. 그 한 가지 방법은 애초 계획보다 시기를 한 박자 늦추는 것이다.

10년이 아닌 40년 포트폴리오를 짜라

충남 중소도시에서 작은 식당을 어렵게 꾸려가는 이경수(가명·57) 씨는 지난 2008년 가을을 잊지 못한다. 그가 운영하던, 이른바 잘나가던 중소 의류업체가 금융경색에 따른 자금난으로 부도가 났다. 사업을 크게 확장하면서 무리하게 자금을 끌어다 쓴 게 화근이었다. 2008년 초만 해도 금융시장이 비교적 평온했기에 회사의 부채비율이 다소 높다고 하더라도 난관에 빠질 가능성은 크지 않았다. 위기는 갑자기 찾아왔다. 그해 10월 미국발 금융위기가 터지더니 금융시장이 돌변, 꽁꽁 얼어붙었다. 급전을 빌리기 위해 백방으로 뛰었지만 소용이 없었다. 글로벌 금융위기는 미국 경제와는 전혀 상관없을 것 같던 태평양 너머의 한국, 그것도 지방 중소도시의 작은 회사까지 무너뜨렸다. 미국 금융위기가 세계적 위기로 번진 결과다. 그는 "여름철 갑자기 내린 폭우로 계곡 급류에 휩쓸린 기분이었다"며 고통스러운 기억을 떠올렸다. 1998년 외환위기 때에도 부도를 겪었던 터라 충격이 더 클 수밖에 없었다. "승승장구하다가도 한 번의 회오리에 훅 가는 게 작은 회사의 운명인데, 인생도 비슷하다"고 그는 말했다.

흔히들 작은 위기는 수시로, 큰 위기는 10년마다 찾아온다고 한다. 물론 10년 위기설은 1998년, 2008년 두 차례 찾아온 외환위기와 글로벌 금융위기에 근거한 경험치에서 나온다. 예지력을 가진 미래학자가 아닌 필자로선 이번에도 10년 위기설이 현실화할지 예단할 수는 없다. 하지만 타이밍을 적중한들 무슨 소용이란 말인가. 10년 주기가 아니라 15년, 아니 20년 주기라 해도 노후 자산을 재설계하는 입장에선 큰 차이가 없다. 역사는 반복되진 않지만 일정한 리듬은 탄다고 하지 않는가. 시차만 있을 뿐 위기는 또 찾아올 것이다. 오히려 불쑥 찾아오는 불규칙한 위기가 더 위험하다. 예고된 위기는 어느 정도 준비가 가능해 충격이 덜할 수 있기 때문이다. 그런 측면에서 자산 재설계는 10년이 아닌 20~30년, 아니 40년 이상의 포트폴리오로 짜야 한다. 10년 위기에서 벗어났다고 방심하는 순간, 또 다른 위기가 불쑥 찾아와 당신을 덮칠 것이기 때문이다. 수시로 당신을 덮치는 위기에서 살아남아라. 순간순간 일희일비할 게 아니라 멀리 보고 차분히 계획을 짜는 것이 현명하다는 얘기다.

사실 경제의 글로벌화가 광범위하게 진행되면서 수출 중심의 한국 경제는 바다에 떠 있는 돛단배 신세다. 세계 각국과 무역을 통해 먹고사는 대외개방형 한국 경제는 외풍이 불 때마다 살얼음판 걷듯 조마조마해진다. 배 운항 기술이 아무리 뛰어나도 돛단배는 항해 중 기습 폭풍우를 만나면 언제든지 난파될 수 있다. 바다는 평상시에는 사슴처럼 온화하지만 언제든지 포악한 늑대로 돌변한다. 미리 방비하지 않는다면 흉포한 늑대 앞에서 당신은 꼼짝없이 당할 수밖에 없을 것이다. 무슨 일을 하든 항상 최악의 시나리오를 상정하는 것이 좋다. 큰 위기를 잘 넘겨야 생존게임에서 최후의 승자가 될 수 있는 법이다. 인생은 앞으로도 길다. 긴 여정인 만큼 극단적인 상황이 오더라도 살아남을 수 있는 슬기가 필요하다. 회사를 운영하는 최고경영자든 개인이든, 비상시에 대비한 유보금을 항상 넉넉히 쌓아놓는 지혜가 필요하다. 유보금은 위기에 대응하는 일종의 생존자금이자, 충격을 누그러뜨리는 완충기제다.

평균의 함정

간단한 퀴즈. 깊이가 평균 1.4m인 강을 건너던 사람이 물에 빠져 죽었다. 그 이유는 뭘까? 바로 강 깊이가 일정하게 1.4m라고 생각하는 '평균의 함정'에 빠졌기 때문이다. 강물의 깊이는 위치에 따라 천양지차다. 수치를 단순히 평균할 때 인식의 오류가 생긴다. 강 가장자리의 깊이는 고작 10cm에 불과할 수 있지만 강 중앙은 사람 키를 훌쩍 뛰어넘어, 깊은 곳은 3~4m에 이를 수 있다.

강폭이 넓다면 아마추어 입장에서는 더욱 치명적이다. 강을 건너 느라 체력이 소진되면서 그만큼 익사 가능성이 커지기 때문이다. 기간이 짧으면 평균의 함정을 운 좋게 비켜 갈 수 있지만, 기간이 길어지면 요행으로 벗어날 수 없다는 얘기다. 행운은 무한대로 반복되지 않는다. 내 앞에서 펼쳐지는 일이 평균치에서 크게 벗어나지 않을 것이라는 안일함과 섣부른 낙관은 반드시 사고를 부른다. 그 안일함과 낙관이 지나칠 때 자만심과 오만으로 이어지고, 결국 자신의 목숨을 위태롭게 만들 것이다. 시쳇말로 잘나가던 사람을 낭떠러지로 떨어지게 하는 가장 큰 원인은 자만심과 오만이다.

주위를 둘러보라. 승승장구하던 연예인이나 정치인들이 갑자기 퇴출당하는 경우를 종종 목격할 것이다. 부동산 불법 거래, 논문 표절, 사기, 문란한 사생활… 직접적인 원인은 달라도 자기관리에 실패했다는 공통점이 있다. 자기관리는 어떠한 유혹에도 자신의 삶이 나락으로 떨어지지 않도록 스스로 도덕적·윤리적 가이드라인을 만들고 엄하게 관리하는 것이다. 즉, 비정상적인 삶이 되지 않도록 자기를 통제하는 것이다. 하지만 자기관리 잘하기는 말만 쉽지, 행동은 어렵다. 그리고 시간이 지나면 자신이 만든 가이드라인이 쉽게 허물어진다. "누가 보는 것도 아닌데, 잠시 일탈 행위를 한다고 해서 나중에 문제가 되겠어?" 운이 좋으면 문제가 되지 않을 수 있다. 하지만 일탈 행위가 한 번이 아니고 반복된다면, 반드시 꼬리를 밟힌다. 요행은 나를 영원히 지켜주지 않기 때문이다.

자산관리도 마찬가지다. 요행으로 잠시 큰 이득을 챙길 수는 있으나 오래가지 못한다. 오히려 나중에 자신을 파멸시키는 부메랑이 될 수도 있다. 로또 당첨자들의 불운을 보라. 자산관리는 말 그대로 자산을 뻥튀기하는 게 아니라 잃어버리지 않도록 잘 관리하는 것이다.

섣부른 예측보다 우연에 대비하라

요즘 이런 상상을 해본다. 나의 미래를 알면 행복할까? 만약 내 아들이 고시나 대기업 입사 시험에 당당히 합격하거나, 결혼을 해서 토끼 같은 손자를 얻게 된다는 소식을 10년 전에 미리 안다면 안도와 함께 기쁨이 넘쳐날 것이다. 하지만 행복의 반대편에는 불행이 있다. 만약 아들과 손자에게 닥칠 돌이킬 수 없는 불행을 미리 안다면 오히려 모르는 것보다 못한 일이다.

불행과 행복이 같은 질량일 때 인간은 이를 어떻게 받아들일까. 행복은 과소평가하고 불행은 과대평가하지 않을까. 이럴 경우 행복은 불행에 묻힐 것이다. 행복과 불행의 셈법은 '1+1=2' 식의 단순 계산이 아니다. 숫자 이면에 인간의 주관적인 감정이 개입되기 때문이다. 자신의 미래를 아는 사람은 결코 행복할 수 없다. 곧 닥칠 불행에 대한 불안으로 밤잠을 설칠 것이다. 그러니 자신의 미래를 미리 알기 위해 애쓰지 마라. 점술가의 힘을 빌려 알려고 해도 정확히 맞추기 어려울 뿐만 아니라, 안다고 해도 자신의 행복에 도움이 되지 않아서다. 우리에게 필요한 것은 미래를 점치기보다는 불확실성을 대비하는 힘이다.

미국 주식 투자의 전설적인 인물인 제시 리버모어Jesse Livermore는 "태양계에 살고 있는 사람이라면 누구나 이따금 날벼락을 맞게 된다"고 말했다. 세상을 살다 보면 예상 밖의 일로 큰 위험에 노출될수 있다는 것이다.[9] 요즘 경제신문에서 쉽게 접할 수 있는 '팻테일 리스크Fat Tail Risk(두꺼운 꼬리 위험)'나 '블랙 스완Black Swan(흑고니)'과 비슷한 개념이다. 팻테일 리스크나 블랙 스완은 극단적인 사건이 발생할 가능성은 확률적으로는 작아 보이지만, 일단 발생하면 엄청난 충격을 던지는 것을 말한다.

팻테일 리스크는 통계학에서 파생된 용어다. 가령 평균값을 중심으로 종bell 모양으로 배치된 정규분포를 보면 가운데는 두껍고 꼬리부분은 얇다. 꼬리 부분은 발생 빈도가 극히 낮은 극단값이다. 꼬리부분이 두껍다는 것은 생각하지 못했던 일들이 많이 일어난다는 뜻이다. 또 블랙 스완은 일반적으로 찾아보기 힘든 흑조黑鳥로 '도저히일어날 것 같지 않은 일'의 은유적 표현이다. 하지만 글로벌 금융시장의 블랙 스완은 평균 4.1년을 주기로 발생했다.[10] 블랙 스완이나팻테일 리스크는 예기치 못한 사건이라는 점에서 일종의 '우연성'이다. 지금 당장 재산을 불리기보다 미래에 언젠가는 닥칠 우연성을대비하라. 요컨대 섣부른 예측보다 여러 가능성을 열어놓는 오픈 마인드, 그리고 기민하게 대응하는 힘이 중요한 것이다. 자산관리의장기적인 성공을 좌우하는 것은 예측력보다는 대응력이다.

인구 쇼크, 호들갑 떨지 마라

인구는 한 나라 경제의 펀더멘털이다. 인구는 유효수요를 측정하는 가장 신뢰도 높은 도구다. 인구는 거부할 수 없는 도도한 물결처럼 경제를 움직이는 강력한 기제로 작용한다. 인구가 늘어나지 않고서는 장기적으로 집값도, 땅값도 계속 오를 수 없다. 인구구조의 변화는 국내 부동산시장의 지형도를 바꿀 것이다. 인구는 항해 선박을 인도하는 등대처럼 부동산시장의 향후 방향을 제시한다. 인구의 흐름을 읽어야 부동산시장의 중장기 트렌드도 내다볼 수 있다.[11]

인구가 부동산시장에 절대적으로 영향을 미친다는 점은 누구도 부정하지 않을 것이다. 고령화 · 저출산에서 촉발될 인구 쇼크는 미래 우리 경제를 짓누르는 중대한 위협이다. 다만, 인구 쇼크가 현실화하는 '시점time'과 '강도strength'에 대해서는 좀 더 깊은 논의가 필요하다. 여기서는 부동산시장에서 거론되는 인구 쇼크의 두 가지 오류를 지적하고 싶다.

첫째는 인구의 큰 흐름을 받아들이는 것은 좋지만, 너무 깊게 빠지면 또 다른 위험을 부른다는 점이다. 인구는 먼 미래를 바라보는 망원경이다. 망원경을 꺼내 돋보기로 사용해보라. 바로 앞의 사물을 보려고 하면 초점이 흐릿해서 잘 보이지 않을 것이다. 그래서 자신이 보고 싶은 대로 해석하는 함정에 빠질 수 있다. 특히 지금 당장 일어나고 있는 부동산 문제를 모두 인구 잣대로만 바라보면 안 된다. 단기적으로는 인구보다 정책이나 금리 등 다른 변수가 더 크게 작용할 수 있기 때문이다. 우리는 집값이 떨어진다는 신문기사만 봐도 혹시 국내 부동산시장이 일본의 버블 붕괴 방식으로 무너지지 않을까 걱정이 앞선다. 호떡집 불난 듯 호들갑을 떨지는 마라. 20~30년 뒤에 일어날지 모르는 일을 2~3년 뒤에 곧 닥칠 것처럼 조급증에 빠지는 것은 정신건강에도 좋지 않다.

둘째는 지나친 공포를 유발한다는 점이다. 고령화 · 저출산의 위기는 언젠가는 우리 앞에 닥칠 것이다. 그러나 인구위기는 새벽안개처럼 스멀스멀 다가온다. 새벽안개에 오랫동안 노출돼 있으면 옷이 젖는 것처럼 고령화 · 저출산의 위기가 우리나라 경제를 서서히 옥죄기는 할 것이다. 그런데도 많은 사람이 인구위기를 단기간에 확 쏟아지는 한여름의 소낙비로 잘못 생각한다. 그래서 인구 얘기만 꺼내도 세상이 금세 끝날 것처럼 종말론적인 우울 증세를 보인다.

요즘엔 전문가들조차 아직 찾아오지도 않은 '인구감소 시대' 얘기를 늘어놓곤 한다. 우리나라 총인구는 앞으로도 2031년까지, 가구는 그 이후까지 계속해서 늘어난다. 물론 생산가능인구(만 15~64세)는 2017년부터 줄어든다. 한창 일할 사람들이 줄어들면 경제 체력은 떨어질 것이다. 하지만 총인구와 가구가 늘어나는 한, 부동산 가격이 인구 요인에 의해서 갑자기 붕괴하진 않을 것이다.

우리나라보다 훨씬 빨리 고령사회에 도달한 스웨덴 등 일부 유럽 국가에서 최근 집값이 크게 올랐다. 인구 요인보다 마이너스 금리 효과 때문이다. 인구는 부동산 가격을 결정하는 유일한 요인이 아니라 중요한 요인일 뿐이다. 부동산 가격을 결정하는 장기 변수는 인구 이외에도 통일, 차이나머니, 화폐개혁 등이 있다. 그런데도 많은 사람이 인구에만 너무 집착하는 오류를 범한다. 고령 국가인 일본이라는 나라가 지리적으로 너무 가까운 탓이다.

현실적인 대안에 집중하라

문제는 평범한 사람이 인구 쇼크에서 나 홀로 탈출할 방법이 있겠느냐는 점이다. 방법을 안다고 하더라도 실제 행동으로 옮기기는 어려운 일이다. 인구 쇼크를 피하기 위해 젊은 인구가 많은 베트남 등 동남아로 이민을 갈 수도 없지 않은가. 대부분 이런저런 걱정을 하면서 지금 거주지에서 꾸역꾸역 살아갈 것이다. 역사의 큰 물결 앞에서 소시민이 할 수 있는 일은 의외로 많지 않다. 한국에 살면서 인구 쇼크로부터 나 혼자 벗어나겠다는 것은 비바람 치는 날 한강 다리를 걸으면서 '우산을 썼으니 비를 안 맞겠지' 라고 생각하는 것과 같다. 조금이라도 덜 맞을 뿐이지 완전히 안 맞을 수는 없다.

사람이 살아가면서 자신이 할 수 있는 일과 할 수 없는 일을 잘 구분하는 것도 현명한 일이다. 어쩔 수 없는 일이라면 마음을 접는 게 속이 편하다. 두려움에 떠는 것보다는 자연스럽게 받아들이고 스스로 이겨내는 힘을 기르는 게 무엇보다 중요하다. 막연한 이상론보다는 차라리 현실적인 대안을 찾는 것도 좋다.

부동산 문제로 좁혀보자. 인구 쇼크를 피할 방법은 없을까? 한국을 벗어나지 않는 한 인구 쇼크의 무풍지대는 없다. 절대적 안전지대보다는 상대적 안전지대를 찾는 게 지혜로운 해법이다. 부동산을 교외보다는 도심 중심으로 재설계하는 것도 괜찮은 방법이다. 도심이 인구 쇼크의 영향을 덜 받기 때문이고, 손해를 보더라도 덜 보기 때문이다.

투자공식 외우지 말고
생각하는 힘을 키워라

"구송口誦(소리 내어 외움)으로만 문과 고시를 치르게 하니, 글의 뜻을 전혀 깨치지 못합니다."

조선 숙종 10년인 1684년 9월 11일 우의정 남구만南九萬은 암기왕만 뽑게 되는 과거제도의 문제를 신랄하게 꼬집고 개혁을 역설한다. 남구만은 '동창이 밝았느냐 노고지리 우지진다'는 시조로 유명한 조선 후기 문장가이기도 하다.

문제가 된 식년式年 문과는 3년마다 매회 33명을 뽑는 정기 시험으로, 조선 시대 유생들이 출세할 수 있는 엘리트 코스였다. 남구만에 따르면 어려운 시험에 합격했지만 막상 서찰이 와도 한문으로 답장 한 줄을 쓰지 못하는 유생들이 적지 않았다. 당시 수험생들이 한문 원전에 한글 토를 단 책을 달달 외워서 시험을 치렀기 때문이다.

마을마다 울려 퍼졌던 글 읽는 소리는 학문의 이치를 깨닫기보다 과거 시험 합격을 위한 단순 암기 훈련이었던 것이다.

남구만은 "지금 문관의 수는 많지만 한문을 잘 아는 사람이 없고 시험 감독관을 구하는 일이 구차할 정도"라고 한탄한다. 그래서 글쓰기에 능한 선비가 관리가 될 수 있도록 시험 방식을 근본적으로 개선해야 한다고 주문한다.[12]

지금으로부터 330여 년 전, 남구만이 개탄했던 암기 중심의 공부 폐단은 아직도 현재 진행형이다. 해방 이후 헤아릴 수도 없이 많은 교육개혁이 있었지만, 여전히 주입식·암기식 교육이 성행하고 있다. 학생들은 창의적인 공부보다는 시험 문제를 풀기 위한 기계적인 학습에 몰두하고 있다. 수리적 훈련 과정이 되어야 할 수학 과목의 참고서로 《수학은 암기과목이다》라는 책까지 있으니 오죽하랴. 대학에 가서도 강의를 스마트폰으로 녹음해서 익히고, 시험을 치를 때도 교수의 말투를 그대로 답안지에 옮겨 적어야 고득점을 받을 수 있는 세상이다. 이런 단순 암기식 학습은 금융이나 부동산 투자 시장에서도 예외는 아니다. 국내외에서 통용되는 투자 이론이나 격언, 역사적인 인물의 명언을 천자문 외우듯이 기계적으로 암기한다. 그리고 맹목적으로 현실에 그대로 대입하려고 한다.

사실 이론을 만든 위인들은 이론의 제약을 받지 않는다. 하지만 이를 배운 후학들이 이론에 함몰되고, 경직된 해석으로 자기 자신을 가둔다. 이해하기 어려운 아이러니다.

성공적인 자산관리를 위해선 공식이나 격언을 외우기보다 스스로 '생각(사유)'하는 힘을 키워야 한다. 암기왕이 투자왕이 되지는 않는다. 셈법보다 생각법이 더 중요하다. 맹목적인 투자공식 따라 하기는 필패를 부른다. 복잡하고 변화무쌍한 현실에서 판단하고 응용하는 힘은 남을 따라 하기보다는 스스로 사유하기에서 나온다. 사유하는 존재는 그 자체만으로도 아름답다. 사유는 창의성의 인큐베이터이자 부의 원천이다.

관리 못하는 분산은 위험을 키운다

최근 TV에서 '초원의 청소부' 하이에나의 삶을 다룬 다큐멘터리를 흥미롭게 지켜봤다. 볼품없이 생겼지만, 여럿이 뭉쳐서 암사자를 쫓아내고 먹이를 빼앗는 모습이 인상적이었다. 그런 하이에나도 힘센 수사자 앞에선 줄행랑을 쳤다. 그런데 하이에나는 수사자의 공격에 떼를 짓지 않고 여러 갈래로 뿔뿔이 흩어져서 도망갔다. 그래야 한 마리는 수사자에 물려 희생을 당하더라도 나머지는 살아남을 수 있기 때문일 것이다. 이러한 행동은 종족 보존을 위한 본능적인 위험 관리인 것이다. 하이에나의 생존본능에서 보듯 일반적으로 자산관리는 '몰빵'보다는 분산이 낫다. 한 종목에 몰빵하다가 하루아침에 쪽박을 찬 투자자들이 주위에 어디 한두 명인가. 그래서 "계란은 한 바구니에 담지 마라"라는 격언을 금융자산 투자 때 금과옥조처럼 받아들여야 하는 것은 맞다.

하지만 분산 투자만 하면 능사일까. 가치투자자들은 대체로 분산 투자를 달가워하지 않는다. "함께 살고 있는 아내가 40명이라고 생각해보라. 그들 중 누구에 대해서도 제대로 알지 못할 것이다." 워런 버핏은 분산 투자의 함정을 이같이 비판한다. 분산은 무지한 자들을 위한 위험 회피일 뿐이라는 지적이다.[13] 벤저민 그레이엄 Benjamin Graham 역시 "모든 달걀을 한 바구니에 담은 뒤 지켜보라"고 했다.[14] 분산 투자가 과도하면 관리 소홀로 오히려 독이 될 수 있다는 얘기다. 그러나 위험을 낮추는 분산 투자의 가치를 망각하면 안 된다. 필자의 생각으로는 금융자산은 상품·업종·지역·시기별 분산을 추구하되, 스스로 '관리 가능한 분산'이어야 한다. 관리하지 못하는 분산은 오히려 위험을 더 키울 수 있어서다.

또 하나 빠트리지 말아야 할 것은 전문성에 따라 투자 패턴도 달라져야 한다는 점이다. 아마추어에 가까울수록 분산하고, 전문가에 가까울수록 압축하는 것이 좋다. 해당 분야에 능통한 사람일수록 핵심에만 집중 투자를 하는 게 낫지 않을까 싶다. 맹목적으로 분산 투자에 함몰되는 게 아니라 현실을 고려한 지혜로운 분산 투자가 필요한 것이다.

다만 분산 투자를 한다고 하더라도 시장 전체가 무너지는 '시스템 리스크(혹은 시장위험)'는 완전히 피하기 어렵다는 것을 명심하자. 가령 주식과 채권의 경우 위기 때일수록 필요한 게 분산 효과인데, 위기 때 오히려 두 자산 간 동조화 현상이 나타나기 때문이다. 위기 시에는 주식과 채권 가격이 급락하기 마련인데, 평상시 상관관계와 전혀 다른 양상을 보이는 '상관성 붕괴Correlation Breakdown' 현상이다.[15] 투자의 세상에는 완벽한 방어가 있을 수 없다.

부동산은 분산보다는 압축

"부동산에도 분산 투자라는 게 있어요?"

위험 줄이기 차원에서 부동산도 분산하는 것에 대해 어떻게 생각하느냐는 질문에 아내는 고개를 갸우뚱거렸다. 가만히 생각해보니 부동산에 분산 투자 기법을 적용하기란 무리였다. 부동산은 분산 투자보다 압축 투자가 더 바람직한 것 같다. 그 이유는 세 가지다.

우선, 부동산을 사기 위해서는 목돈이 들어가므로 큰 부자가 아닌 이상 분산 투자는 엄두를 낼 수 없는 일이다. 금융자산은 수십만 원 쌈짓돈으로도 예금, 채권, 주식, 파생상품에 각각 나눠 가입할 수 있지만 부동산은 작아도 억 단위다. 요즘 서울 강남에 전용면적 84㎡(국민주택 규모) 아파트 한 채가 비싼 것은 20억 원이 넘는다. 마음에 드는 물건을 사려면 어느 정도 돈을 모아야 한다. 분산 투자라는 공식에 얽매일 경우 싼 비지떡을 여러 개 사는 오류를 저지를 수 있는 셈이다.

또한 1주택자에게 유리하게 돼 있는 세금제도 역시 고려해야 한다. 8.2 부동산 대책을 통해 조정대상지역에서는 다주택자에 대한 양도소득세 중과세가 부활되면서 1가구 1주택자의 메리트가 커졌다. 시가 9억 원 이하의 1주택자가 집을 2년 이상 보유(조정대상지역은

2년 거주 추가)한 뒤 매각할 때 양도세는 비과세다. 10년 보유시 다주택자는 최대 30%의 장기보유특별공제를 적용(조정대상지역에서는 2018년 4월 1일 매도분부터 제외)받지만 1주택자는 80%까지 공제혜택을 준다. 사실 어지간한 빌딩값인 40억~50억 원짜리 단독주택 1채를 10년 보유하다 팔 때 내는 양도세가 생각보다 많지 않다.

　마지막으로, 부동산은 관리가 번거롭다. 부동산은 여러 곳에 벌려놓으면 방치되기 쉽다. 가령 부산 거주자가 서울, 울산, 인천, 대전에 분산 투자할 경우 수시로 바뀌는 세입자 관리, 수선, 임대료 연체 문제로 골치를 썩일 것이다. 백화점 쇼핑하듯 여기저기 부동산을 쇼핑했다가는 나중에 팔리지 않아 오히려 무거운 짐이 될 수 있다. 특히 생업에 바쁜 샐러리맨이나 활발한 활동을 하기 어려운 고령자일수록 보유 수는 줄여야 한다. 부동산은 음식으로 치면 이것저것 나오는 정식 메뉴보다는 깔끔한 단품 요리가 좋다. 다만 흔하지는 않지만, 여러 채의 아파트를 매수·매도할 때는 위험을 낮추기 위해 분산하는 것이 좋을 것이다. 때로는 부동산도 '시기 분산'이 필요할지 모르지만 상품과 지역에서는 집중이 더 낫다.

저금리 시대에는 복리도 무용지물

복리複利는 말 그대로 이자에 이자가 붙는 것이다. 투자 기간이 길수록 돈이 기하급수적으로 늘어나는 게 복리 마법의 효과다. 아인슈타인이 복리 구조를 보고는 '세계의 여덟 번째 불가사의' 라고 경이로움을 표시할 정도였으니까 말이다. 작은 눈을 비탈길에서 굴릴수록 가속도가 붙어 커지는 눈덩이 효과Snowball Effect와 유사하다. 복리의 속도를 재는 방법으로 흔히 72법칙이 널리 알려져 있다. 72를 연평균 수익률로 나누면 원금이 2배로 불어나는 데 필요한 시간을 계산(72÷연수익=원금 2배 걸리는 기간)할 수 있다는 것이다.[16]

문제는 요즘 같은 저금리 시대에는 복리의 마법을 기대하기 어렵다는 점이다. 금리가 워낙 낮으니 복리 마법을 걸어도 늘어나는 이자는 쥐꼬리 수준이다. 베스트셀러 《금융회사가 당신에게 알려주지 않는 진실》 저자인 송승용 희망재무 설계 이사는 "복리로 실제 부자가 되기 위해선 금리가 낮아서는 안 된다"고 말했다. 그는 적어도 연 8% 정도는 되어야 자신이 죽기 전에 돈이 불어나는 효과를 실감할 수 있다고 했다.[17]

실제로 금리가 연 8%의 복리라면 원금이 2배로 불어나는 데 걸리는 시간은 9년이면 족하다. 하지만 금리가 연 1.5%로 뚝 떨어지면 무려 48년이나 걸린다. 50세가 넘어서는 중장년층은 살아생전 원금 2배 효과를 맛보지 못하고 세상을 떠날 가능성이 크다.

복리예금 효과 역시 저금리에서는 단리單利와 큰 차이가 없다. 만약 목돈 1억 원을 10년 동안 예금했다고 가정하면 좀 더 실감 난다. 월복리로 금리가 연 8%일 때는 10년 후 단리보다 3,550만 원 정도를 더 받는다. 하지만 금리가 연 1.5%로 떨어질 경우 월복리와 단리 차이는 같은 기간 99만 원가량에 불과하다.[18] 강산이 변할 정도로

긴 시간에 예금한 게 이 정도이니, 예금 기간이 3년이나 5년으로 줄어들면 체감 금리는 더 낮아질 것이다. 저금리는 한때 황금 룰로 각광받았던 복리법칙의 약발도 다하게 했다. 물론 금리가 다시 크게 오른다면 복리법칙도 부활할 수 있다. 하지만 당분간 금리가 낮을 수밖에 없어 옛 영광을 다시 찾기는 어려울 것이다. 빛바랜 복리법칙은 변화무쌍한 시장에서 영원한 게 없다는 것을 보여준다.

'100-나이 법칙', 나한테도 맞을까?

일반적으로 주식과 같은 위험자산은 나이가 젊을수록 비중을 늘리고, 나이가 들수록 낮추는 게 바람직하다. 젊었을 때는 투자에 실패하더라도 재기할 수 있는 시간적 여유가 많지만 나이가 들면 그렇지 않다. 이런 점을 고려해서 연령에 따라 안전자산과 위험자산의 비중을 설정하는 '위험자산=100-나이 법칙'이라는 게 많이 회자된다. 예컨대 올해 나이가 55세인 A씨가 1억 원의 여유자금이 있을 때 수익 위주의 위험자산은 45%(100-55)로 낮추고 원금 손실 가능성이 작은 안전자산은 55%로 올리는 구조다.

하지만 이 법칙이 모든 상황과 관계없이 적용되는 만능법칙이 될 수 있을까. 때로는 나이에 따른 분류보다는 자신이 처한 상황과 성향에 따라 비중을 달리하는 게 더 나을 수 있다. 예컨대 결혼을 1년 앞둔 20대에게 5,000만 원의 여윳돈이 있다고 가정하자.

'나이 법칙' 상으로는 전체의 80%를 위험자산, 나머지 20%를 안전자산에 투자해야 하지만 현실에서는 이를 따를 수 없다. 오히려 여윳돈 모두를 언제든지 꺼내 쓸 수 있는 안전자산에 묻어둬야 한다. 나이 법칙을 따르기 위해서는 자금 계획상 돌발 변수가 없어야 하고 장기간 묻어둘 수 있는 여유자금이 있어야 한다. 하지만 현실에서 여윳돈과 필수자금의 구분이 쉽지 않다. 살다 보면 갑자기 아파트에 당첨되어 여윳돈을 계약금으로 넣어야 할 뿐만 아니라 잔금을 내기 위해 월급을 저축해야 하는 경우가 생긴다. 이럴 경우 계획이 이내 흐트러진다.

또 자신의 투자성향에 따라 다를 수 있다. 위험을 꺼리는 사람이라면 나이가 젊어도 위험자산 비중을 낮춰야 할 것이다. 위험을 즐기는 중장년층은 당연히 위험자산을 높이는 게 좋을 것이다. 요즘 일본에서는 예상과 달리 고령자들이 젊은 층보다 주식 등 위험자산에 대한 투자를 더 많이 한다. 고령자들은 고도 성장기에 주식 투자로 돈을 불려본 경험이 있는 데다 축적한 투자 재산도 많기 때문이다. 하지만 부동산 버블 붕괴 이후 태어난 젊은 층은 투자 마인드 자체가 없을 뿐만 아니라 투자할 돈도 없다. 이른바 '나이 법칙의 역설'이다.[19]

위험자산에 비중을 높이기 위해서는 무엇보다 중요한 것이 전문지식이다. 은행 예금 같은 안전자산은 별다른 지식 없이도 비중 확대가 가능하다. 나이가 아무리 젊어도 해당 분야에 대한 체계적인 지식이 없이 위험자산을 늘리는 행위는 도박이나 다름없다. 즉, 위

험자산은 무턱대고 늘렸다가는 자칫 재산 탕진으로 이어지기 쉬우
므로 어느 정도 지식을 쌓은 뒤 뛰어들어야 한다는 얘기다.

자신만의 투자철학을 세우라

지난 2010년 세종시에서 상업용지를 분양받아 대박을 터뜨린 김진
호(가명·60) 씨는 옆집 아저씨처럼 수더분한 사람이다. 하지만 남들
과 다른 배짱과 식견이 있었기에 성공할 수 있었다. 당시는 세종시
시범단지 아파트 건설용지를 분양받았던 건설업체들이 계약금을 포
기하면서 땅을 반납할 만큼 세종시의 미래는 비관적이었다. 이런 분
위기 속에서 상가용지들이 줄줄이 유찰돼 헐값 수준으로 3개 필지를
분양받을 수 있었다. 세종시의 한 부동산중개업자는 "2010년 3.3㎡
당 1,000만 원 안팎에 공급했던 상업용지들이 요즘은 3,000만 원을
훌쩍 넘는다"고 말했다. 김씨가 당시 사람들이 모두 비관론에 빠졌
을 때 투자할 수 있었던 것은 세종시의 미래를 믿었기 때문이다. 세
종시가 당시 논의되던 교육과학 중심 경제도시로 개발되든 원안인
행정 중심 복합도시로 개발되든, 정부가 대규모 공공용지를 황무지
로 방치하지 않을 것이라는 확신이 들었다. 그의 생각은 적중했다.
운도 좋았다. 교육과학 중심 경제도시 개발안이 국회 본회의에서 부
결되면서 원안대로 개발이 최종 확정되었다.

　김씨가 성공할 수 있었던 것은 바로 '역발상', '통찰력', '결단

력'이라는 삼박자가 맞아떨어졌기 때문이다. 김씨의 성공에 가장 결정적인 기여를 한 것은 역발상이다. 시장 참여자들이 가장 비관적일 때, 집단적 사고에 빠지지 않고 홀로 거꾸로 투자를 통해 결실을 거둔 것이다. 성공은 고독과 두려움을 이겨내지 않고서는 거둘 수 없다. 실제로 역발상 투자는 눈발이 날리는 한겨울 차가운 한강 물에 혼자 뛰어들 수 있는 용기와 배짱이 없이는 쉽지 않다. 그다음이 통찰력이다. 통찰력은 지식이나 경험이 축적돼 우러나오는 것이다. 결단력은 판단과 소신을 실행할 수 있는 과감함이다. 역발상과 통찰력이 아무리 뛰어나도 과감한 결심이 없으면 불가능하다. 성공의 최종 관문을 넘는 힘은 실천할 수 있는 결단력에서 나온다.

김씨는 통찰력을 바탕으로 대중이 비관적일 때 나 홀로 역발상 투자를 하기로 결단을 내린 결과 달콤한 열매를 얻었다. 김씨처럼 자신만의 투자철학이 있어야 위기가 와도 끄떡없다. 태풍이 불어와도 바위처럼 흔들림 없는 당신만의 투자철학은 무엇인가. 투자철학을 만들기 위해서는 생각하는 힘을 길러야 한다. 그 힘은 바로 사유와 사색에서 나온다. 그런데도 사람들은 '사색'보다는 '검색'을 선호한다. 즉각적인 지식을 얻는 것은 잠시 활용할 수 있으나 사유의 힘을 기르는 데는 방해가 될 뿐이다.

만약 당신이 확실한 투자철학을 정립하지 않았다면 투자수익을 통해서는 부를 늘리기 어렵다. 오히려 그나마 보유하고 있는 재산을 날릴 가능성이 크니 함부로 투자하지 마라. 이런 경우 투자보다 월급이나 사업수익 같은 원금을 늘려 부자가 되는 길이 더 빠르다.

2

나한테 맞는
투자법을 찾아라

당신의 투자가 항상 실패하는 이유

"월 스트리트에서 펀드매니저들이 왜 돈을 못 버는지 아나? 이리저리 몰려다니다가 도살되는 양 떼처럼 행동하기 때문이지."(어떤 양이 한 방향으로 뛰면 나머지 양들도 어디로 가는지 모른 채 무조건 달리는 군집 행동이 펀드매니저들에게도 나타나 투자손실로 이어진다는 얘기다.)

영화 〈월 스트리트〉는 세계 금융의 중심지 월 스트리트를 무대로 펼쳐지는 냉혹한 '쩐의 전쟁'을 그린다. 주인공 버드 폭스는 큰 야망을 품고 있는 증권사 신출내기 브로커다. 그는 꿈을 이루는 방법으로 지름길을 택한다. 거물 트레이더이자 기업 사냥꾼인 고든 게코를 59번이나 끈질기게 연락한 끝에 어렵게 만나, 그의 마음을 얻게 된다. 그런데 영화 내용보다 관심이 가는 것은 고든이 버드와의 대화 과정에서 주식시장의 속성을 날카롭게 짚어내는 대목이다.

고든에 따르면 월 스트리트 같은 전쟁터는 어지간한 하버드대학교 출신 박사도 범접하기 어려운 곳이다. 몇 가지 지식을 내세워 도전했다가 쓰라린 패배의 잔을 마실 수밖에 없기 때문이다. 고든은 "똑똑하고, 배고프고, 감정이 없어야 살아남는다"고 잘라 말한다. 고든은 주가조작까지 일삼는 부도덕한 인물이니 그의 말을 다 받아들일 필요는 없다. 다만 주식시장에서 성공하기 위해서는 양 떼처럼 몰려다녀서는 안 될 뿐 아니라 강인한 정신력과 냉철한 지성을 갖춰야 한다는 점에 대해서는 어느 정도 고개가 끄덕여진다.

월 스트리트의 네 마리 짐승

월 스트리트라는 이름은 1653년 이곳에 정착한 네덜란드 이주민들이 인디언과 곰의 침입으로부터 가축과 정착민을 보호하기 위해 쌓은 담장wall에서 유래한다. 그 담장은 지금 사라지고 없지만, 증권거래소와 금융업종들이 대거 들어서면서 세계금융의 심장이 되었다.

월 스트리트에는 네 마리의 짐승이 비유적으로 등장한다. 무리짓기 또는 공포를 상징하는 양, 탐욕의 돼지, 강세장의 황소, 약세장의 곰이다. 같은 짐승이지만 각자의 운명은 다르다. 황소와 곰은 살아남지만 양과 돼지는 도살당한다. 단단한 뿔로 올려치면서 상대방을 공격하는 황소는 주가의 상승을, 앞발로 내려치면서 사냥하는 곰은 주가의 하락을 대변한다. 시장은 상승과 하락을 반복하므로, 흔들리지 않고 황소와 곰처럼 일관성을 추구하면 시장에서 쫓겨나지는 않는다. 양은 고든이 지적한 것처럼 시장 분위기에 따라 줏대 없이 쏠려 다니다가 결국 곰과 황소의 먹이가 된다. 돼지 역시 "왜 안 돼? 되지"라고 외치며 앞뒤 가리지 않고 무모하게 덤벼들다가 잡아먹히고 만다. 돼지와 양은 황소와 곰의 배를 불려주는 시장의 희생양이다.

주위를 둘러보면 주식시장에 참여하는 개인 가운데 성공한 황소나 곰은 많지 않은 것 같다. 가끔 슈퍼개미들이 등장하지만 여전히 일반인에게는 꿈꾸기 어려운 성공 신화다. 개미들이 주식 직접투자에서 성공하는 확률은 5%가 채 안 된다.[1] 여러 가지 이유가 있겠지만 많은 개미가 돼지나 양처럼 행동하기 때문이리라. 개미들의 실패는 생각과 실제 행동의 불일치에서 비롯된다. 개미들은 어떤 일이 생기더라도 자신이 돼지와 양처럼 행동하지 않겠다고 다짐하고 스스로 최면까지 건다. 하지만 처음 먹은 굳은 마음은 봄날 눈 녹듯 허물어진다. 막상 투자게임에 나서게 되면 돼지와 양으로 돌변해 일을 그르친다. 일념통천一念通天이라는 말을 아는가. 한결같은 마음을 먹으면 그 뜻이 하늘에 통해 어떠한 어려운 일이라도 이룰 수 있다는 뜻이다.

"큰돈을 벌게 해주는 것은 당신의 머리가 아니라 들썩이지 않고 가만히 앉아 있는 당신의 엉덩이다." '월 스트리트의 큰곰'으로 불렸던 제시 리버모어는 이처럼 인내심과 끈기가 성공의 열쇠임을 강조한다.[2] 투자의 성공 조건인 '엉덩이 밀착의 법칙'이다. 다시 말해, 위기가 와도 흔들리지 않는 뚝심이 성패를 좌우한다는 것이다. 이러한 원칙을 아는 것과 행동으로 옮기는 것은 또 다른 문제다. 평상시면 모를까, 공포와 광기라는 비정상적인 국면에 내몰리면 사람들은 건망증 환자처럼 이내 원칙을 잊고 같은 실수를 반복한다.

종신보험 해지율 74%, 왜?

"오죽하면 보험까지 깨나… 벼랑 끝 가계살림."

서민들이 팍팍한 살림살이를 견디다 못해 보험 중도 해지가 급증하고 있다는 내용의 신문기사 제목이다. 경기 불황이 깊어지면서 한계 상황으로 내몰린 가계 경제의 어려움을 보여주는 증거로 보험 중도 해지를 든 것이다. 생명보험협회에 따르면 2015년 종신보험 가입자의 중도 해지율이 무려 74%에 달한다.[3] 종신보험에 가입한 사람 중 거의 10명 중 7명 이상이 해지를 한다는 얘기다. 저축성보험도 이보다는 낮지만 3년 이내 해지율이 42.8%에 이른다.[4]

보험은 단기 예금이 아니라 미래 불확실성을 대비하는 장기 상품인데도 가입자들은 단기적으로, 즉흥적으로 행동한다. 실제로 우리나라 사람들은 보험에 너무 쉽게 가입하고, 또 쉽게 해지한다. 자신이 꼭 필요해서 가입하기보다 지인의 부탁으로, 보험 설계사의 권유로 많이 가입하다 보니 그럴 수도 있을 것이다. 자금 계획에 대한 깊은 고민 없이 가입한 결과 해지도 무계획적이고 충동적이다. 보험을 중도 해지하면 납부금액을 거의 되찾지 못해 손실이 클 수밖에 없는데도 말이다. 왜 처음 가입했을 때 생각이 지속되지 못하는 걸까. 갑작스러운 경제 사정으로 보험료 납부가 부담될 수 있고, 급전이 필요할 수 있다는 상황까지 염두에 두고 포트폴리오를 좀 느슨하게 짜야 하지 않았을까. 가령 이것저것 가입하지 않고 가짓수를 줄인다든지, 월 보험료 부담이 낮은 실속형 상품들에 가입한다든지 하는 식이다. 톱니바퀴처럼 너무 빡빡하게 자금 계획을 짜다 보니 조금만 틀어져도 마지막 보루여야 할 보험의 해지를 떠올린다. 스스로 그런 유혹에 휩쓸리지 않도록 방비책을 만들어야 한다.

성공의 필요조건 '선호의 일관성'

나름대로 금융지식이 풍부하다고 자부하던 자칭 신중론자 송진국(가명·51) 씨는 요즘 씁쓸하다. 그동안 스스로 훌륭하다고 자평했던 금융 재테크 계획을 실망 끝에 접었기 때문이다. 그는 3년 계획으로 월지급식 주가연계증권ELS에 5억 원을 가입한 뒤 매달 받는 이자 200만 원을 국내 중소형주펀드, 유럽펀드에 자동이체로 납입을 시작했다. 목돈이 아니라 월 이자로 받은 자금을 펀드에 정기적으로 투자하는 것은 나름대로 괜찮은 자산 설계 방법이라고 생각했다. 그러나 가입 후 펀드수익률은 계속 마이너스 행진을 했다. '시장은 나빴다가도 좋아지는 거 아닌가. 장기적으로 투자하면 수익을 낼 것'이라고 생각했다. 자신의 계획이 틀린 게 아닌가 하는 의구심이 계속 몰려왔지만 애써 뿌리쳤다. 하지만 인내심은 딱 13개월까지였다. 영국의 유럽연합 탈퇴(브렉시트) 결정으로 불확실성이 커지자 더는 견딜 수 없어 펀드 납입을 중단했다. 그리고 두 달 뒤 아예 해지를 해서 현금화했다. 마침 연년생인 큰아들과 둘째 딸 대학등록금도 필요했다. 송씨는 "적립식 펀드는 장기투자를 해야 수익을 낼 수 있다는 사실을 잘 알고 있지만, 막상 마이너스 수익률에서 1년 이상 벗어나지 못하자 확신을 갖기 어려웠다"고 말했다.

만약 수익률이 플러스였다면 송씨는 자신의 계획을 끝까지 고수했을 것이다. 계속된 마이너스 수익률은 송씨를 가만두지 않았다. 자신의 판단에 대해 의심하고 자책하는 스트레스가 길어지면서 결국은 스스로 무너졌다. 그 결과 처음 좋다고 생각(선호)해서 세웠던 계획을 끝까지 유지하지 못했다. 바로 '선호의 일관성'이 지켜지지 않은 것이다. 수시로 흔들리는 당신에게 선호의 일관성 유지는 참으로 어려운 일이다. 오락가락해서는 수익은커녕 자신에게 마음의 상처만 안길 수 있다.

아파트시장, 상승장을 조심하라

일반적으로 떼를 지어 사고하거나 행동하는 무리 짓기 현상은 불안

심리에서 나온다. 같이 행동하면 혼자 행동하는 것보다 위험을 줄일수 있다고 생각하기 때문이다. 가령 양들이 떼를 지어 움직이는 것은 포식자들로부터 언제 공격을 받을지 모른다는 불안감에서 비롯된다. 양들은 날카로운 뿔이 있는 것도 아니고, 힘이 센 것도 아니어서 방어 능력이 보잘것없다. 이런 상황에서는 무리 짓기가 피해를 최소화할 수 있을 것이다. 더욱이 동료들과 함께 모여 있으니 심리적으로도 위안이 될 것이다.

무리 짓기 현상은 인간의 감정이 고스란히 투영되는 자산시장에서도 자주 목격된다. 흥미로운 것은, 연구 결과 주식시장과 부동산시장의 무리 짓기 현상이 서로 다른 국면에서 나타난다는 점이다. 가령 주식시장은 중소형주를 중심으로 하락장에서, 부동산시장은 아파트를 중심으로 그 반대인 상승장에서 무리 짓기를 자주 볼 수 있다.[5]

주식시장의 경우 하락장에서 무리 짓기 현상이 나타나는 데에는 공포심이 크게 작용한다. 흔히 나타나는 투매는 공포를 못 이겨 손실을 무릅쓰고 주식을 헐값에 던지는 행위다. "내 머리는 팔기 싫었는데, 내 손가락이 팔았다"고 하는 개미 투자자들의 볼멘소리가 나올 만큼 공포를 이겨내기란 쉬운 일이 아니다. 오죽하면 거래에 실패했더라도 원칙을 지켰다면 승리한 것이라는 말까지 나올까.[6] 이같은 감정적인 무리 짓기는 기관 투자자들이 참여하는 대형 우량주보다는 개미들이 사고파는 중소형주에서 심하게 나타난다. 그런데 주식시장에서 투매가 가능한 것은 팔고 싶을 때 팔 수 있기 때문이다. 즉 투매는 유동성이 원활하지 않은 시장에서는 있을 수 없는 일이다. 그런 점에서 부동산시장에서는 투매라는 것을 찾기 힘들다. 부동산은 거래 빈도가 높지 않거니와 고가 상품이다. 내가 공포에 짓눌려 팔고 싶어도 사줄 사람이 많지 않다. 매입가보다 싸게 팔지 않으려는 '손실 회피' 심리가 강하게 작용하는 것도 투매가 흔치 않은 또 다른 이유다. 하락장에서 주식은 지금 싸게 팔아도 나중에, 짧게는 몇 시간 뒤에 싸게 되살 수 있다는 기대를 할 수 있지만 부동산은 그렇지 않다.

아파트시장에서 수요자들의 움직임을 눈여겨보라. 오를 때 떼를 지어 같이 산다. 영이 엄마가 아파트를 사면 옆집 철이 엄마도 따라 사는 식이다. 이러다 보니 일반적으로 가격이 오를 때 거래량도 늘어난다. 하락기에는 매입을 꺼리다가 바닥을 치고 오르는 것을 확인해야 매입하려는 경향이 강한 데다 수요자들이 가격 하락보다 상승 뉴스에 더 민감하게 반응하기 때문이다. 가격 상승 뉴스는 호황기를 경험했던 사람들에게 아파트시장에 진입하라는 신호가 될 수 있을 것이다. 이러한 학습 효과가 시장에 작용하는 것이다.

자산시장에서 남을 따라 하는 무리 짓기 현상은 정보 부족을 메우려는 합리적 행동보다는 분위기에 휩쓸린 의사결정이 될 가능성이 크다. 따라서 아파트시장은 상승장에서, 주식시장은 하락장에서 비합리적 의사결정을 조심해야 한다. 부동산시장의 경우 다만 토지, 상가, 오피스텔 등 비아파트에서는 일반적으로 무리 짓기 현상이 자주 목격되지 않는 편이다. 상품이 표준화되지 않아 거래 빈도가 높지 않고 가수요보다는 실수요 차원에서 접근하는 경우가 많기 때문이다.

우리는 생각보다 충동적이다

지속적으로 성공 투자를 하기 위해서는 높은 지능지수나 지식, 기술보다 중요한 게 있다. 바로 의사결정을 하는 건전하고 지적인 사고체계와 그것이 흔들리지 않도록 감정을 조절하는 능력이다.[7] 사람들은 어떤 상황이 오더라도 자기 자신만은 이성적이고 합리적으로 행동할 것이라고 믿는다. 성공한 사람들을 보라. 그들은 자신의 믿음을 그대로 실천한 사람들이다. 말하자면 성공은 강인한 정신 무장으로 흔들리지 않고 일을 추진한 결과다. 하지만 주위를 보면 '강철 멘탈'은 흔치 않다.

　대부분의 사람에 속하는 또 한 부류는 막상 상황이 닥치면 처음 생각을 까맣게 잊어버리고 비이성적으로, 충동적으로 행동한다. 감정에 휘둘리면 일을 그르치기 마련이다. 비이성적 행동에서는 많이 배운 사람이나 그렇지 않은 사람이나 큰 차이는 없는 것 같다. 지식을 많이 쌓는다고 해서 감정 조절에 능숙한 게 아니기 때문이다. 판단을 내려야 할 결정적인 순간에 작동하는 것은 지식보다 지혜다. 어찌 보면 후회하지 않을 판단을 하려면 지식보다는 지혜의 눈을 길러야 한다.

어쨌든 충동적인 사람들의 경우 자산 재설계의 출발은 이성과 합리성에 대한 과신을 버리는 것이다. 일을 그르치는 사람들의 실패 이유는 대부분 계획은 이성적으로 짜지만 행동을 감정적으로 하기 때문이다. 자신이 이성적이고 합리적인 인간이라고 거짓말을 하기 때문이다. 이성과 합리성에 대한 무한신뢰가 사고를 부른다. 감정이 작동하기 마련인 위기 때도 이성과 합리성이 작동할 것으로 생각하는 것은 큰 오산이다. 이런 상황에서 수시로 흔들리는 사람들은 스스로 이성과 합리성이 허물어지지 않도록 단단한 방어벽을 만들어야 한다. 처음 먹었던 생각들이 끝까지 지탱될 수 있도록 스스로 마음의 방파제를 만드는 지혜가 필요하다는 얘기다. 만약 스스로 이성과 합리성을 유지할 수 있다면 모를까, 그렇지 않다면 자산관리 스타일을 바꿔야 한다. 투자도 자신의 성격에 맞추지 않으면 십중팔구 실패한다. 노후 자산 재설계에도 개인의 심리적 특성에 따른 접근이 필요한 것은 이 때문이다.

02

진득한 사람은 금융자산이 빠르다

"음메, 기 살어."

"음메, 기 죽어."

1980년대 후반 한 방송사의 코미디 프로그램 중 인기를 끈 〈쓰리랑 부부〉라는 코너가 있었다. 이 코너에서 아내 순악질 여사는 남편에게 방망이를 휘두르고 남편을 들었다 놨다 하면서 자신의 위력을 과시한다. 폭압적이지만 우스꽝스럽다. 순악질 여사는 일자―字 눈썹이 트레이드마크다. 왜 하필 일자 눈썹일까. 남편의 기를 꺾는 심술과 고집불통의 이미지, 가부장사회 속에서 여권의 위풍당당함을 풍자적으로라도 보여주고 싶어서가 아닐까 싶다. 순악질 여사의 일자 눈썹은 두 눈썹이 붙어 있는 모양새다. 이를 한자로 표현하면 눈썹이 이어져 있다는 뜻의 '미련[눈썹 미眉, 이을 련連]'이다. 현실적으로 두 눈썹이 순악질 여사처럼 완전히 붙어 있는 사람은 없으므로 두 눈썹 사이가 좁으면 미련하다고 볼 수 있다. 만화가 허영만은 작품 《꼴》에서 "미련한 사람은 이해심이 부족하고 밴댕이속이라는 지적도 받지만 일을 시작하면 끈기가 있어 끝을 보고 만다"고 했다.[8]

관상학에서도 미간, 즉 두 눈썹 사이가 좁으면 대체로 포용력이 약하고 고집이 센 사람으로 본다. 반대로 두 눈썹 사이가 넓으면 자기 고집을 부리기보다는 주변과 분위기를 맞추고 화합하려는 스타일이다. 분위기에 따라 오락가락하다 보니 변덕이 심하다는 얘기를 자주 듣는다.

세상에 양지가 있으면 음지가 있듯이 성격에도 장단점이 있는 법이다. 미련한 사람의 가장 큰 장점은 주변 시선을 의식하지 않고 묵묵히 일을 추진해 성과를 내는 스타일이라는 점이다. 그래서 옛 속담에 '미련한 사람이 담벼락을 뚫는다'고 했다. 주식시장은 가격이 널뛰기하듯 변화무쌍하게 움직이는 곳이다. 뚝심 없이 가격에 따라 춤출 경우 천당과 지옥을 오가는 조울증을 겪게 된다. 주식시장에서 살아남기 위해서는 성격이 촐랑대지 않고 진득해야 한다. 누가 뭐래도 자신이 한번 먹은 생각을 밀고 나갈 수 있는 끈기와 배짱도 있어야 할 것이다. 그런 점에서 주식시장은 성격적으로 어느 정도 진득한 사람에게 적합한 것 같다.

강심장은 주식이 맞다

일반적으로 주식의 수익률이 부동산보다는 높은 편이다. 베스트셀러 《21세기 자본》을 쓴 토마 피케티Thomas Piketty는 자신의 책에서 "많은 국가에서 장기적으로 주식 투자 수익률은 연평균 7~8%, 부동산과 채권 투자 수익률은 3~4% 정도"라고 했다.[9] 장기적으로 주식에 투자하면 부동산보다 배 이상 수익을 거둘 수 있다는 것이다. 하지만 개미들은 수익이 높다고 개미핥기가 득실대는 머니게임장에 무턱대고 뛰어들 수는 없는 법이다. 체계적인 준비 없이는 쪽박 신세를 면치 못할 것이다. 나의 스타일을 찾는 게 성공 투자의 출발점이다. 그동안의 경험을 통해 내 성격을 진단한 뒤 최적의 스타일을 찾아보자.

혹시 어렸을 때 "그 녀석, 미련하기는 곰일세" 혹은 "미련 곰탱이"라는 말을 들어본 적이 있는가. 아니면 당신의 두 눈썹이 거의 붙어 있을 정도로 간격이 좁은가. 거울을 한번 보라. 그렇다면 가격 변화에 흔들리지 않는 스타일이니 주식 등 금융자산의 비중을 높이는 쪽으로 자산 재설계를 생각해보라.

또, 혹시 2007년 중국펀드 열풍 때 가입한 펀드를 8년 이상 보유하다가 이익을 보고 환매한 경험이 있는가. 중국 주식형펀드는 2007년을 고점으로 계속 급락했다가 8년 뒤인 2015년에 가서야 거의 원상 복귀했다. 만약 중국펀드 투자 경험이 없다면 외환위기 이후 선풍적인 인기를 끌었던 바이코리아펀드 가입과 해지 경험을 떠올려보라. 당신이 중국펀드나 바이코리아펀드를 중간에 손절매하지 않고 오랜 인내 끝에 이익을 보고 환매했다면 매우 진득한 사람이다. 당신은 어지간히 놀랄 일이 일어나도 끄떡없는 강인한 정신력의 소유자로 소위 '멘탈 갑'이다. 혹은 주식을 목숨 걸고 투자하지 않고 게임하듯이 즐기면서 투자할 자신이 있는 사람, 욱하는 성격보다는 참을성이 많고 냉철한 성격의 소유자일 가능성이 크다. 이런 성격은 딱 주식 투자 스타일이다.

문제는 진득하지 않은 사람들이다. 이들 대부분은 열풍이 식어 주가가 급락하면 참지 못하고 이내 펀드를 중도 해지한다. 장기투자를 해야 한다는 걸 알고 있지만 시장을 믿지 못하고, 자신도 믿지 못해 큰 손실을 보고 빠져나온다. 그러고는 다시는 주식형펀드에 가입하지 않을 것이라고 맹세한다. 하지만 또 펀드 열풍이 불면 과거의 트라우마를 잊고 다시 가입한다. '지난번처럼 호들갑을 떨지 않겠노라'고 다짐하면서 말이다. 미끼를 물었다가 혼이 나고서도 잊어버리고 금세 또 무는 붕어처럼 행동하는, 이른바 촐랑대는 투자자다. 이런 사람은 실패할 가능성이 크니 되도록 주식시장에는 얼씬거리지 않는 게 좋다.

마지막으로, 반 토막이 난 주식을 물타기해본 경험이 있는가. 그런 경험이 없는 경우 그런 상황에 처했을 때 어떤 결정을 내릴지 한번 상상해보라. 당신은 평소 눈여겨봐 둔 우량주 1억 원어치를 샀지만 손절매의 기회를 놓쳐 어느 날 주가가 반 토막이 되어버렸다. 일단 새가슴들은 온갖 불안한 생각으로 종일 일이 손에 잡히지 않는다. 꿈에 주식이 자주 나타날 정도로 밤잠도 설친다. '회사에 무슨 일이 있나', '혹시 부도가 나는 게 아닌가', '감자를 하는 것은 아닌가' …. 그래서 주가가 더 떨어지기 전에 팔아서 5,000만 원이라도 챙기려고 할 것이다. 하지만 역으로 반 토막 난 주가는 평균 매입 단가를 낮추는 물타기 기회로도 활용할 수 있을 것이다. 당신이 물타기 전략을 선택한다면 해당 기업은 물론 자기 믿음에 대한 확신이 강하고 배짱이 두둑한 사람이다. 승부사적 기질에 남다른 판단 능력과 진득한 성격까지 갖췄다면 주식을 통해 부를 늘리는 게 빠르다.

당신은 진득한 사람이므로 금융자산 비중을 최대한 늘리고 부동산은 최소화하는 게 좋다. 부동산은 집을 제외하고는 투자하지 말고, 대부분 금융자산으로 재설계를 하는 게 바람직하다.

진득하게 그러나 무모하지 않게

미국 금융회사에서 트레이더를 뽑을 때 골프 선수는 선호하지만 하키나 미식축구 선수는 암묵적으로 꺼리는 경향이 있다고 한다. 골프의 절반은 멘탈이라는 책이 나올 정도로 골프는 자기절제와 집중력이 승리의 핵심 요소다. 아무리 기술이 뛰어나도 결정적인 순간에 멘탈이 무너지면 승자가 되기 어렵다. 골프 선수 출신 트레이더는 바람, 비 등 상황을 무시한 채 혼자 오기를 부리면 어떤 결과를 초래하는지 경험적으로 잘 알고 있다. 하지만 하키나 미식축구 선수에게는 '무데뽀(막무가내)' 정신이 훨씬 더 중요할 것이다. 앞뒤를 가리지 않고 힘으로 밀어붙이면 어떤 장애물도 넘어설 수 있다는 무모함 말이다. 그래서 하키·미식축구 선수는 주식을 거래할 때도 상황을 통제하고 싶어 할 뿐만 아니라 어떤 장애물에도 끝까지 맞서겠다는 태도를 보인다.[10] 하지만 순리를 거스른 채 주식을 하면, 한두 번 운이 좋아 성공할 수는 있겠지만 장기적으로는 실패할 가능성이 크다. 주식은 근육으로 하는 게임이 아니라 두뇌로 하는 게임이기 때문이다.

따라서 주식시장에서 성공하고 싶으면 터프가이처럼 으스대지 않는 게 좋다.[11] 때로는 지론대로 밀고 나갈 수 있는 냉철한 집념이 필요하지만 오만에 빠져서는 안 된다. 진득한 모습이 중요하지 무모하게 밀어붙이는 불도저식 행동을 해선 곤란하다는 얘기다. 자만심과 독선은 승승장구하던 수많은 사람을 침몰시킨 폭탄이다.[12] 때로는 자신의 판단이 잘못됐다면 이를 인정하고 고칠 줄 아는 겸허한 자세가 실패를 막는 방파제가 된다.

장기투자가 능사는 아니다

"펀드 실적이 왜 안 좋은가요?"
"곧 좋아질 겁니다. 장기투자 하세요."
"실적 나쁘면 장기투자를 하라고 하시네."
"…."

얼마 전 부산에서 열린 투자박람회 부스에서 주식형펀드를 운용하는 자산운용사 직원과 펀드 가입자 간에 오간 어색한 대화다. 자산운용사 직원은 장기투자의 유용성을 강조했지만 펀드 가입자는 불만을 표시했다. 부족한 펀드 운용 실력이 문제인데, 장기투자의 유용성만 이야기한다며 불편한 심기를 드러낸 것이다.

일반적으로 주식은 단기투자보다 장기투자가 낫다는 것은 삼척동자도 아는 사실이다. 하지만 주식을 사서 마냥 기다리는 것도 능사는 아니다. 주식을 오래 보유한다고 황금알이 되진 않는다. 잔파도를 타면서 일희일비하는 것은 바람직하지 않다. 큰 파도는 타는 게 맞지 않을까. 큰 사이클로 봤을 때 상승장인지 하락장인지를 보고 투자 여부를 결정하는 게 낫겠다는 얘기다.

이런 점에서 요즘은 월 스트리트의 대표적 비관론자인 마크 파버Marc Faber의 논리에 좀 더 수긍이 간다. 그에 따르면 신흥국가에서 주식을 매수한 뒤 무작정 보유하는 것은 위험한 투자가 될 수 있다. 신흥국가가 성장하는 과정에서는 필연적으로 격심한 경기 변동이 수반되기 때문이다. 특히 투자 붐이 일어 고평가돼 있는 주식을 장기 보유하다가는 큰 손실이 생길 수 있다. 오히려 장기투자보다는 때로는 고평가된 자산에서 저평가된 자산으로 갈아타는 게 더 나을 수 있다는 주장이다.[13]

물론 한국이 미국처럼 장기간에 걸쳐 주가가 오른다면 장기투자가 바람직할 것이다. 한국은 비약적인 경제성장을 했지만 여전히 대외 의존형 경제 구조의 취약성으로 글로벌 경기에 따라 부침이 심한 신흥국가다. 이런 상황에서 묻어두기식 장기투자는 모든 투자자에게 통용되는 모범답안이 아닐 수 있겠다는 생각이 든다.

부동산도 예외가 아니다. 지방 도시 구시가지나 농업진흥지역 논밭 시세가 10년째 그대로인 경우도 많다. 주식이든 부동산이든 투자의 큰 원칙은 바위처럼 흔들리지 않되 현실에서 응용할 수 있는 능력을 기르는 것이다.

부동산, 점심 먹고 맛집 구경하듯 느긋하게

금융자산 중심의 자산 재설계를 하는 사람이라도 가끔은 매력적인 부동산 상품을 만날 기회가 생길 수 있다. 가령 택지개발지구나 신도시, 재개발·재건축에서 모처럼 나오는 알짜 아파트를 분양할 경우 어떻게 할 것인가. 이 경우 너무 머뭇거리지 말고 분양을 신청하라. 많은 부동산은 필요가 없지만 삶의 안식처인 집 한 채는 보유하는 것이 좋다. 하지만 집을 살 때 눈높이를 높이고 까다롭게 굴어야 한다. 마치 맛있는 점심을 배불리 먹고 맛집을 구경하는 사람처럼 여유를 가지는 게 좋다. 이미 배가 부르니 어지간히 맛있는 음식이 아니고서는 구미가 당기지 않을 것이다. 집도 아주 특별히 좋은 것이 아니고서는 사지 않는 게 좋다.

부동산에 직접 투자하기보다 부동산펀드나 리츠 등 간접투자 상품에 투자하는 것도 좋은 방안이다. 부동산 간접투자 상품은 부동산을 자산으로 수익을 내는 일종의 금융상품이라 당신의 체질에 맞다. 펀드나 리츠는 여러 투자자로부터 자금을 유치받아 부동산에 투자한 뒤 그 운용수익을 투자자에게 배당한다. 한동안 사무실 빌딩에 투자를 많이 했지만 요즘은 주택, 물류 등으로 다양화되는 추세다. 펀드나 리츠는 전문적인 운용사에 매입과 운용, 처분을 맡기므로 위험성이 비교적 크지 않다. 공모형은 상장을 통해 주식처럼 자유롭게 현금화할 수 있는 메리트가 있다. 투자수익률이 예금금리의 4~5배에 이른다. 요즘 부동산펀드는 인기가 높아 조기 소진되는 경향이 높으므로 미리미리 공모 일정을 알아두는 게 좋다.

쌈짓돈으로 하는 예행연습

아무리 당신의 성격이 잘 흔들리지 않는 냉철함을 갖췄다고 하더라도 그 자체만으로 주식 투자의 성공을 보장하진 않는다. 위험자산인 만큼 실력 배양과 함께 이를 검증하는 과정이 필요하다. 투자금액이 적으면 모를까, 커지면 아무리 강심장이라도 '멘탈'이 쉽게 붕괴될 수 있다. 따라서 처음부터 큰 금액을 투자하기보다는 소액으로 투자 예행연습을 해보는 것이 좋다. 그런 다음 단계적으로 금액을 늘리는 게 바람직하다. 그 과정이 내게 맞는 투자 스타일은 어떤 것인지, 직접투자를 할 것인지, 펀드에 넣을 것인지 등 여러 방안을 짜는 데 도움이 될 것이다.

투자 예행연습은 적어도 1년 이상을 해야 할 것이다. 우리는 자신을 잘 안다고 하지만 막상 위기가 닥치면 전혀 다른 모습을 발견하게 된다. 자신의 진면목은 평상시가 아니라 비상시에 나타난다. 예행연습을 통해 자신을 재발견하라. 그런 점에서 아무리 강심장이라도 예행연습 없이 위험자산의 비중 높이기는 스스로 무덤을 파는 행위다.

수시로 흔들리는 사람은
부동산이 답이다

신용카드 낭비벽 환자의 충동구매 습관을 고칠 방법이 없을까? 신용카드를 가위로 확 잘라버린다고? 그런 극단적인 방법은 빼고 말이다. 최근 미국에서는 '얼음잔 효과'를 활용한 카드 사용 절제법이 회자되었다. 신용카드를 쓰고 싶은 욕망을 참지 못할 때 물잔 얼리기를 통해 카드로부터 자신을 격리하는 방법이다. 방법은 이렇다. 일단 물이 가득 찬 잔에 신용카드를 넣은 뒤 그 잔을 냉동고에 집어넣는다. 물잔의 물이 꽁꽁 얼 것이다. 이런 상황에서는 물건을 사고 싶어 물잔을 꺼내도 얼음이 채 녹지 않아 카드를 사용할 수 없다.

시간이 어느 정도 흘러 얼음이 녹을 때쯤 되면 구매 충동은 사라져 있을 것이다. 무분별한 행동을 차단하는 차가운 이성이 작동하기 때문이다. 치료 과정에서 반칙은 안 된다. 물잔에 카드를 넣기 전에 사용하거나 중간에 물잔을 깨고 카드를 꺼내 쓸 경우 당연히 벌칙이 주어진다.[14]

작가 이외수 선생이 글을 쓸 때 집에 철창 감옥을 설치하는 방법으로 스스로를 가둔 일화는 유명하다. 철창 감옥이니 당연히 자물쇠는 밖에 있을 것이다. 안에서는 문을 열 수 없다. 그는 아내에게 원고가 마무리될 때까지 문을 열어주지 말라고 부탁했다. 그는 "언제 술 먹고 싶어 바깥으로 뛰쳐나갈지 모르니까 밖에서 자물쇠를 채우게 한 것"이라고 말했다. 5년간 스스로의 감옥 생활 끝에 나온 소설이 베스트셀러 《벽오금학도》다.[15]

얼음잔이나 철창 감옥은 나약한 자신을 지키기 위해 어쩔 수 없이 스스로를 가두는 '자기구속장치'다. 자신의 성격을 누구보다 잘 알기에 나락으로 떨어지지 않도록 스스로를 미리 제어하는 것이다. 가령 알코올 중독 증상인 사람은 집 안 냉장고에 있는 술을 아예 치워버리거나 금연을 하려는 사람은 재떨이를 없애버리는 것이 지혜로운 방법이다. 조금만 불편하고 귀찮게 해도 유혹에 빠질 확률이 크게 줄어든다.

또 인터넷 쇼핑으로 낭비가 심하다면 장바구니에 물건을 담아놓되 결제는 당장 하지 않고 3일 뒤로 미루는 것도 비슷한 방법이다. 꼭 필요한 물건인지 충분히 생각할 만한 시간을 자신에게 주는 것이다. 가끔 당신은 장바구니에 담아놓은 것 자체를 잊어버릴 때도 있을 것이다.[16] 이처럼 상황의 힘을 이용해 어쩔 수 없이 실천할 수밖에 없도록 자신을 속박하는 방법을 '가두리 기법'이라고 부른다.[17] 목표를 이루기 위해 흔들리는 자신에게 일정 수준의 강제성을 부여하는 심리적 자가 처방의 일환이다. 이러한 방법은 그 옛날 그리스 신화의 영웅 오디세우스가 지중해를 항해할 때 마녀 사이렌의 노래 유혹을 견뎌내기 위해 이미 사용했던 것이다. 그는 선원들은 귀를 막게 하고 자신은 돛대에 꽁꽁 묶도록 해서 위기를 벗어날 수 있었다. 유혹이 너무 강렬해서 벗어날 수 없을 때 멀찌감치 떨어져서 거리를 두게 하는 삶의 지혜다.

비환금성의 역설

자산관리의 3대 원칙으로 흔히 안전성, 수익성, 유동성(환금성)을 꼽는다. 이 가운데 유동성은 내가 팔고 싶을 때 팔 수 있어야 가치를 지닌다는 뜻이다. 사람들이 언제든지 현금으로 바꿀 수 있는 예금과 적금 같은 금융자산을 선호하는 이유다. 부동산의 가장 큰 약점은 비환금성이다. 하지만 진득하지 못하고 촐랑대는 사람에게는 부동산이 오히려 자산관리에 득이 될 수 있다. 이른바 '비환금성의 역설'이다.

현금을 보유하고 있으면 호주머니가 금세 텅텅 비는 경험을 했을 것이다. '소쿠리에서 물 빠지듯이 돈이 없어지더라' 하는 말이 있는 것도 이 같은 이유에서다. 푼돈을 모아 부자가 되려면 '악착스럽다'

거나 '지독하다'는 비아냥을 듣지 않고서는 어렵다.

돈을 쉽게 써버리게 하는 유혹으로부터 자신을 보호하는 방법으로 아예 쉽게 찾지 못하는 곳에 돈을 묻어두는 것도 좋다. 역설적이지만 찾지 못하니까 그나마 자기 재산을 지킬 수 있는 것이다. 단기간 쉽게 현금으로 바꿀 수 없는 부동산은 충동적인 사람에게는 괜찮은 강제 저축 수단이 된다. 부동산을 산다는 것이 일종의 '콘크리트 저축 행위'라고 하는 것도 이 때문이다. 드럼통에 5만 원짜리 지폐 다발을 넣어 아예 시멘트로 부어버리면 마음이 약해져서 돈을 꺼내 쓰는 일을 막아줄 것이다.

주변을 둘러보라. 주식이나 부동산에 오래 투자한 사람 가운데 누가 부자인가. 이론적으로는 주식 투자자가 부자가 되어야 하지만, 실제로는 부동산에 투자한 사람들이 부를 쌓은 경우가 많다. 많은 주식 투자자가 높은 지능과 기민함 그리고 남다른 지식을 가졌지만, 진득하게 자리를 지키지 못했기에 시간이 지나고 보면 부동산 투자자보다 못한 경우가 태반이다.

그런 점에서 부동산의 비환금성은 나름대로 가치를 지닌다. 적어도 충동적인 감정에 못 이겨 애써 모아놓은 재산을 하루아침에 날려버리는 어처구니없는 행동을 막아주는 잠금장치로서 말이다.

자산 굳히기로서 부동산

대개 연예인들은 노래를 부르거나 연기를 해서 돈을 벌면 빌딩을 산다. 자산을 효율적으로 운용하려면 금융자산의 비중을 높이고 부동산 비중을 최소화해야 할 텐데, 현실은 그렇지 않다. 연예인들은 돈이 좀 모이면 대출을 끼고 강남의 빌딩을 사고 싶어 한다. 빌딩 보유를 사회적 성공의 상징으로 인식하는 경향, 시세차익 기대 등 여러 요인이 있겠지만 돈이 더는 달아나지 못하도록 잡아놓고 싶은 심리도 크게 작용했을 것이다. 이른바 '자산 굳히기'로서 부동산이다.

금융자산은 허공에 떠 있는 숫자에 불과한 '종이자산'이다. 경제 위기가 몰아쳐 거친 바람이 불면 종이들이 금세 날아가 버릴 것 같은 불안감이 들 것이다. 주식과 같은 위험자산에 투자한 사람들은 밤잠을 자주 설친다. 평범한 샐러리맨 입장에서 주식 투자자금이 300만 원이라면 모를까, 3,000만 원이 넘어서면 주가의 소폭 하락에도 마음이 불편하다. 비교적 안전한 예금과 적금에 가입해둔 사람은 그동안은 마음이 편했지만, 요즘은 상황이 다르다. 최근 금리가 크게 낮아지면서 자산가들은 돈의 값어치가 떨어지지 않을까 조바심을 낸다. 하루하루 먹고살기 바쁜 소시민들은 금리 인하에도 둔탁한 반응을 보인다. 자신의 삶이 크게 달라질 게 없어서다. 하지만 뭉칫돈을 들고 있는 자산가일수록 금리 민감도가 높다. 금리가 내리고 물가가 오를수록 부동산에 돈을 묻어두면 그래도 언덕에 기댄 것처럼 마음이 든든해지는 것이 사실이다. 부동산을 산다는 것은 '종이 자산'을 '돌덩이자산'이나 '바위자산'으로 바꿔놓는 행위다. 부동산은 세찬 폭풍우가 몰아쳐도 무거운 실물자산이니 공중으로 날아가지는 않을 것이다.

가령 당신에게 갑자기 100억 원의 현금이 생겼다고 가정하자. 당신은 어떻게 포트폴리오를 짤 것인가. 주변 사람들에게 물어보니 70억~80억 원은 일단 빌딩을 사고 나머지는 금융자산으로 구성하겠다는 반응이 많다. 금융자산에서도 주식이나 주식형펀드 등 위험자산 비중은 높지 않다. 강철 심장에 신안神眼의 경지에 오른 펀드매니저라면 모를까. 일반인들이 위험자산에 '몰빵' 투자하기란 쉽지 않은 일이다. 수익을 얻기 전에 가격 변동 스트레스에 피가 마르고 불면증에 시달리다가 조기에 세상을 떠날 수 있다.

수백억 원대 자산가에게 빌딩은 포트폴리오 구성에서 필수항목이다. 그러니 '재산을 지키기 위해 빌딩을 산다'는 얘기가 전혀 틀린 말은 아니다. 주식 고수들도 주식을 통해 돈을 벌면 부동산을 사서 자산을 굳히려는 경향이 강하다. 목돈이 생기면 부동산으로 묻어두려는 행위는 효율적인 포트폴리오관리 차원에서 적절하지 않을 수 있다. 하지만 현실에서 통용되는 방식들이 무조건 잘못됐다고 보기에는 힘들지 않은가. 주식 중심의 효율적인 포트폴리오는 바로 인간의 나약한 심리를 무시하고 짜는 경우가 많다. 인간은 진득하게 행동하지 않으니 주식으로 성공한 사람이 드문 것은 당연한 일이다. 오죽하면 '주식과 다이어트의 공통점은 시작한 사람은 많아도 성공한 사람은 드물다는 것'이라는 말까지 있겠는가.

나이 들면 부동산을 줄여라?

많은 금융 전문가가 나이가 들면 보유 자산에서 부동산 비중을 줄이라고 권고한다. 우리나라 가계에서 부동산 등 실물자산이 차지하는 비중은 70~80%로 절대적으로 높고, 나이가 많을수록 그 정도가 심하기 때문일 것이다. 그리고 급격한 고령화 · 저출산으로 부동산 가격이 급락할 경우 가계 파산 등 큰 피해가 돌아갈 수 있다는 점도 또다른 요인으로 지적된다.

하지만 현실적으로 충고를 듣고 실행에 옮기는 사람들은 많지 않다. 나이가 많이 들어 거동이 불편하거나 인생이 절박한 상황으로까지 내몰려야 황급히 행동에 나선다. 가장 큰 문제는 요즘 같은 저금리 시대에 '부동산을 팔아서 어디에 투자할 것인가' 하는 점이다. 특수한 경우를 제외하고 나이가 많은 사람일수록 금융지식의 폭이 넓지 않다. 설사 지식이 있다고 하더라도 일부면 모를까, 많은 부분을 위험자산으로 옮겨 타려면 적지 않은 용기가 필요하다. 펀드나 주식에 잘못 투자했다가 혼쭐이 난 경우가 한 번쯤은 있기에 더욱 힘들어한다.

일반적으로 나이가 들수록 인지 능력이 떨어져 수시로 변하는 금융시장 흐름에 발 빠르게 대응하기가 어렵다. 이러다 보니 안정적인 임대수익을 거둘 수 있는 수익형 부동산에 고령자들의 자금이 몰린다. 요즘 부자들의 목돈 투자 선호 1순위는 상가빌딩이다. 시중금리가 급등하지 않는 한 이런 쏠림 현상은 이어질 것이다. 임대수익이 그나마 은행 예금이자보다 높은 데다 주식 같은 금융자산보다 신경이 덜 쓰이는 게 큰 이유다. 부동산에 투자하면 온종일 홈트레이딩 시스템HTS에서 주식 시세를 바라보며 가슴 졸이는 스트레스를 겪지 않아도 된다.

이런 상황이기에 고령자일수록 부동산 비중을 줄이고 금융자산 비중을 올릴 것을 주문해도 막상 당사자들은 머뭇거린다. 그래서 보다 현실적인 대안으로 '현금흐름'을 기준으로 자산 재구성 전략을 짜는 게 낫겠다는 생각이 든다. 즉, 나이가 들수록 묻어두기식 고정자산은 줄이고 현금흐름 중심의 자산은 늘리는 것이다. 만약 현금흐름이 잘 나온다면 금융자산이든 부동산이든 크게 신경 쓸 필요가 없지 않을까. 검은 고양이든 흰 고양이든 쥐(현금흐름)만 잘 잡으면 된다는 얘기다. 만약 현금흐름이 잘 생긴다면 부동산은 나이가 들어 줄일 게 아니라 오히려 늘려야 한다. 관리에 큰 어려움이 없다는 전제에서 말이다.

어떤 사람은 주택시장 거품이 일본식으로 꺼지면 위험하니 하루라도 빨리 금융자산으로 옮겨 탈 것을 주장한다. 위험관리 차원에서 일부 일리가 있는 논리이지만, 금융자산이 예금과 적금이 아니라 주식형펀드나 주식이라면 실효성이 없을 것이다. 최근 10년간 우리나라 코스피KOSPI와 주택 매매가격지수와의 상관관계는 +0.87로 나타났다.[18] 상관관계가 0.87이므로 주식 가격과 주택 가격이 거의 같은 궤도로 움직인다고 해도 과언이 아니다. 주택 가격이 폭락하면 주식도 그 정도는 아니더라도 급락할 수 있다는 얘기다. 주택시장의 거품이 급속하게 꺼지면 가계와 금융기관의 무더기 부실로 이어져 우리 경제의 펀더멘털이 무너지는 것이므로 주식시장이 온전할 리 없다. 부동산 투자자가 쪽박을 차면 주식 투자자도 쪽박 차기는 마찬가지다. 속된 말로 '도긴개긴'이다. 부동산 거품이 꺼지더라도 주식시장은 살아남을 것이라는 논리는 궤변이다. 이를 알면서도 그렇게 얘기하는 것은 상품을 팔기 위한 상술에 불과할 수 있음을 명심하는 게 좋다.

주식 투자는 명절 쇠듯이 가끔

성격 자체가 촐랑대는 사람은 무조건 주식이나 주식형펀드에 투자하는 것은 위험한 일이다. 그래도 주식 투자를 하고 싶은가. 그렇다면 실패하지 않는 '마음 조절법'이 필요하다. 즉 자신과의 싸움에서 이기지 못할 가능성이 크다면 자신의 충동적인 감정을 조절하는 방법이 있어야 한다는 얘기다.

우선, 주식에 투자하더라도 주식이 싸질 때까지 참을성 있게 기다리는 전략이 필요하다. 사놓고 기우제를 지내지 말고 기다렸다가 최대한 저가에 매입하라. 주식을 절대적으로 싸게 매입하면 심리적으로 덜 흔들릴 수 있기 때문이다. '월 스트리트의 큰손' 워런 버핏은 "투자게임에서는 야구장처럼 빨리 방망이를 휘두르라고 강요하는 사람이 없다"고 말했다.[19] 서두르지 말고 최대한 좋은 기회가 올 때까지 기다릴 것이며, 함부로 뛰어들지 말라는 얘기다. 투자 횟수가 매일 커피 마시듯이 잦을수록 실패할 가능성이 크다. 오히려 주가가 급락할 때를 매수 기회로 노려야 성공할 가능성이 크다.

'투자의 귀재'로 불리는 이민주 에이티넘파트너스 회장의 투자법을 주목하라. 이 회장의 투자법은 평소에는 현금을 보유하다가 시장의 위기로 주가가 급락할 때 베팅하는 전략이다. 즉 시장이 공포에 질려 비정상적으로 가격이 떨어질 때 집중적으로 단기 매매에 나선다. 같이 투매하는 것이 아니라 오히려 매수의 기회로 삼는다는 것이다.[20] 주가가 어떤 돌발적인 위기로 급락해 내재가치보다 낮을 때 매입하는 '바겐 헌터Bargain Hunter' 전략이다. 바겐 헌터는 불황을 틈타 시장에서 저평가된 자산을 사들이는 투자자를 말한다. 이는 대중과 반대로 움직이는 일종의 역투자법(거꾸로 투자법)이다. 다만 역투자를 실행하기 위해서는 적지 않은 용기가 필요하다. 《시장의 마법사들》을 쓴 잭 슈웨거Jack Schwager는 "뛰어난 트레이더는 의지가 강하고, 독립적이며, 극단적인 상황에서 역투자자가 되는 사람"이라고 했다.[21]

문제는 역투자 기회가 항상 오는 게 아닐 뿐만 아니라 그 자체만으로 성공을 보장하진 않는다는 것이다. 타이밍 포착이 중요해진다. 시기를 잘못 선택하면 죽음이다. 가령 개구리도 경칩 하루 이틀

전에 나와야지, 일찍 나오면 얼어 죽을 수 있다. 정확한 시점은 아마도 시장의 대부분 사람이 공포에 짓눌려 있을 때일 것이다. '주식시장에서는 공포를 사고 광기를 팔라' 는 얘기가 있는 것도 이 때문이리라.

또한 개별 주가의 요동에 불안을 느끼는 사람이라면 '종목' 을 사는 것보다는 지수index상품인 '시장' 을 사는 것도 좋을 것이다. 이 역시 저가에 매입해야 하는 것은 물론이다.

자영업자 홍선길(가명·50) 씨는 1년에 1~2번 지수상품에 투자해 쏠쏠한 수익을 올리고 있다. 홍씨는 평소에는 종합자산관리계좌CMA 등 언제든지 빼 쓸 수 있는 곳에 자금을 넣어둔다. 그러다 코스피 급락 사진이 경제신문 1면에 연속으로 나오면 주식시장에 뛰어들 준비를 한다. 주가가 어느 정도 하락해 가격 메리트가 부각될 때 레버리지 상장지수펀드ETF에 3차례에 나눠 분할해서 매수를 한다. 그리고 가격이 어느 정도 오르면 분할 매각한 뒤 다시 이벤트가 오기를 기다린다. 홍씨는 "주식을 매수해놓고 오르기를 조마조마 기다리는 것은 일반 투자자에겐 위험하다. 가끔 찾아오는 시장의 저평가 국면에서 지수상품을 사고 고평가 국면에서 팔아 수익을 올리는 게 낫다"고 말한다. 지수상품은 개별 종목의 변동에 따른 스트레스를 덜 겪을 수 있다는 얘기로, 충동적 매수·매도를 줄일 수 있는 측면이 있다는 것이다.

강제 저축의 효과

요컨대 참을 수 없는 존재의 가벼움으로 당신이 변덕이나 충동이 심하다면, 남의 말에 따라 수시로 흔들리는 팔랑귀라면, 심리적 제어장치로서 부동산은 괜찮다. '움직이지 않는 동산'인 부동산으로 자산의 대부분을 구성하는 것이다. 나머지 금융자산은 예금이나 적금, 채권형펀드, 원금 보장형 ELS 등 안전성이 강한 상품 위주로 구성하는 게 좋을 것이다. 위험자산인 주식은 쌈짓돈으로 가끔 이벤트만 즐겨라.

금융자산을 굴릴 때도 변덕스러운 당신의 성격을 고려하는 게 좋다. 가령 예금과 적금에 가입하더라도 뭉칫돈을 한꺼번에 예치하지 않고 쪼개는 것이다. 1억 원 예금 시 한 계좌는 4,000만 원, 나머지 두 계좌는 3,000만 원씩 가입하는 것이다. 이렇게 나눠놓으면 급전이 필요할 때 다 해지하지 않아도 된다. 혹은 아예 중도인출 기능이 있는 금융상품에 가입하는 것도 손실을 최소화하는 방법이다.

또 촐랑대는 사람에게는 '빚테크'도 과도하지만 않으면 실보다 득이 될 수 있다. 즉, 감당할 수 있는 수준에서 대출을 받아 차곡차곡 상환하면 곧 '빚 갚는 게 돈 버는 것'이 될 수 있다. 빚을 갚기 위해 어쩔 수 없이 허리띠를 졸라매면서 강제 저축 효과를 얻기 때문이다.

마지막으로 수시로 흔들리지 않으려면 생각을 단순화하는 연습도 좋다. 자를 것은 잘라내라. 잡다한 것을 너무 많이 아는 것도 탈이다. 조금은 고지식해질 필요가 있다.

3

흔들리지 않는
부동산 성공 법칙

월세 로망 시대, 새판을 짜라

'제 꿈은 부동산 임대업자입니다.'

얼마 전 방송된 한 공중파 TV의 프로그램 제목이다. 젊은 층에까지 불어닥친 '월세 받기 신드롬'을 다뤘다. 번듯한 대기업 명함보다 안정적인 월세를 받을 수 있는 건물주 명함이 더 인기라는 요즘 세태를 그대로 보여준다. '조물주 위에 건물주'라는 유행어는 임대업을 일종의 로망처럼 생각하는 사회적 인식과 맥락을 같이한다. 사회적 지위나 급여보다 재산을 더 중시하는 신자본주의 시대의 단면이다. 건물주가 되고 싶다는 것은 월세라는 비노동소득을 통해 힘들이지 않고 편하게 살겠다는 바람이다. 방송 출연자의 얘기를 종합해보면 언제 잘릴지 모르는 고용불안이라는 시대 상황, 여유로운 삶을 누리고 싶은 욕구 등이 겹쳐 젊은 사람들까지 월세를 꿈꾸는 세상이 되고 있다. 젊은이들에게 건물주가 되는 꿈은 사실상 마르지 않는 화수분을 찾는 꿈이자, 고용불안 시대에 해고 없는 비즈니스 모델을 찾는 꿈이다. 하지만 건물을 살 돈이 없는 그들에게 그 꿈은 마치 사막의 신기루를 찾듯 헛된 꿈이 될지 모를 일이다.[1]

원래 월세 받기는 중장년층의 꿈이자, 어느 정도 재산을 축적한 부자들이 생각하는 투자 방식이었다. 하지만 요즘 들어 연령층이 급속히 낮아지고 계층도 서민·중산층까지 넓어지고 있다. 심지어 오피스텔이라도 분양받아서 월세 받아 자녀 학원비를 마련하려는 생각에 30대 주부까지 동참할 정도로 월세 열풍은 드세다. 대망의 꿈을 품어야 할 청춘들까지 임대업자를 꿈꾸는 세태가 안타깝기도 하지만 현실은 현실이다. 지금처럼 저금리 시대가 계속되는 한 임대수익을 꿈꾸는 사람들은 늘어날 수밖에 없을 것이다.

부동산 투자의 성격이 바뀌다

"그 돈으로 건물을 사서 임대하는 게 낫지 않을까 싶어. 만약 인플레이션이 또 온다면 부동산만큼 안전한 것은 없잖아. 지금은 은행 이자율이 연 1.75%인데 그것도 최고 이자율이야. (…) 다들 이런 생각이다 보니 집값이 폭등하고 있어. 스칸디나비아에서 돌아온 이후로 틈만 나면 부동산 광고를 뒤져. 시간이 지나면 좋은 게 나타날 거야."

프랑스 영화 〈아무르Amour〉에서 에바는 병상에 누워 있는 엄마에게 독백처럼 자신의 고민을 내뱉는다. 엄마는 병이 깊어 살날이 얼마 남지 않았다. 죽어가는 엄마보다 자신의 노후를 걱정하는 에바는 이기적인 딸이다. 하지만 이미 중년이 되어버린 생활인으로서 에바는 솔직한 여성인지 모른다. 에바의 꿈은 이미 전 세계적인 현상이다. 결국 안정적인 월세 받기를 꿈꾸는 것이다.

이처럼 월세 로망이 사회적 신드롬으로 번지는 가장 큰 원인은 급속한 인구 고령화에 따른 노후 불안, 저금리 때문이다. 마땅한 소득이 없는 은퇴 이후의 삶에서는 월세라는 현금흐름의 가치를 재발견하게 한다. 여기에다 주택이든 상가든 임대소득이 은행 예금금리보다 높다 보니 저금리에 대한 보상 심리로 월세 선호 현상이 나타나고 있다.

또 하나 주목할 만한 게 저금리와 맞물려 진행되고 있는 주택의 월세화다. 이는 우리나라에만 존재하는 보편적인 임대차 방식인 전세가 월세로 넘어가면서 생긴 현상이다. 이제는 사는 집도 현금 창출의 수단이 된 것이다.

주택의 월세화 이전만 하더라도 임대소득을 얻을 수 있는 부동산은 주로 상가였다. 주택의 월세화는 주로 저가 소형주택에서 집중적으로 일어난다. 대형주택은 여전히 월세로 넘어가는 속도가 느리다. 자금력이 상대적으로 부족한 젊은 층이 월세에 관심을 갖게 된 배경에는 바로 소형주택의 빠른 월세화 현상이 있다. 월세는 부동산에서 매달 나오는 현금흐름이다. 사람들의 현금흐름 추구는 집값 상승에 대한 기대감이 떨어지면서 생기는 현상일 수도 있다. 집값이 크게 오르는 시대에는 자본차익이 크기 때문에 월세는 푼돈에 불과할 수 있다. 하지만 저성장 시대에 현금흐름은 소중한 가치가 된다.

노후에는 스톡보다 플로

꼬박꼬박 나오는 현금흐름은 행복을 배가시킨다. 매각해서 얻는 한 번의 기쁨보다 매달 받는 적은 월세가 더 가치 있기 때문이다. 부동산을 현금흐름의 대상으로 바라보려는 최근 경향은 주택시장에서 큰 인식의 변화가 아닐 수 없다. 현금흐름에 충실할 경우 매매가격 변화에 따른 스트레스가 덜해 마음도 편하다. 노후 들어 현금흐름 중심의 자산 설계를 강조하는 것은 이러한 이유에서다.

사실 나이 들어서는 축적되어 있는 스톡stock(저량)자산보다 플로 flow(유량)자산이 중요하다. 저수지에 고여 있는 물처럼 자산의 절대 금액인 저량보다는 수도 파이프에서 나오는 물처럼 꾸준히 현금이 발생하는 유량이 중요하다는 얘기다. 극단적으로 수백억 원대의 지방 임야를 보유하고 있는 사람이라고 해보자. 아무리 큰 자산이어도 현금흐름이 발생하지 않을 경우 세금과 관리 부담에 오히려 짐이 될 뿐이다. 그러나 현금흐름을 충실히 따르는 포트폴리오 차원의 부동산은 나이 들어 마음 든든한 자산이 된다.

베스트셀러 《부의 추월차선》의 저자 엠제이 드마코MJ DeMarco는

"부동산은 대표적인 임대시스템으로, 부동산을 이용한 돈 나무는 추월차선 또는 부의 기본 단계"라고 했다. 부동산을 통한 임대수익은 오래된 방법이긴 하지만 여전히 부자가 되는 확실한 길이라는 것이다.[2] 어쨌든 나이 들어 현금흐름은 불황이 와도 흔들리지 않는 최고의 가치이자 삶의 언덕이다.

갭 투자의 위험성

'부동산은 첫째도 입지, 둘째도 입지, 셋째도 입지'라는 말이 있다. 부동산을 입지 상품이라고 하는 것도 같은 맥락이다. 이를 노후 버전으로 전환하면 첫째도 현금흐름, 둘째도 현금흐름, 셋째도 현금흐름으로 표현할 수 있다. 부동산을 매입할 때 가장 중요한 가치는 '현금흐름, 즉 월세가 잘 나가는 부동산'이 되어야 할 것이다. 부동산으로 노후를 준비하든, 자녀를 위해 집 한 채를 미리 사놓든 가치의 기준은 월세다. 월세가 잘 나가는 부동산은 기본적으로 입지 경쟁력을 갖춘 곳이다. 가령 역세권이어서 교통 여건이 좋은 곳이거나 교육 여건 역시 좋은 곳일 것이다. 또 월세가 잘 나가는 부동산은 상품의 경쟁력도 클 것이다. 지은 지 얼마 되지 않은 작은 집에 월세 수요가 많다. 일반적으로 월세는 공급자 우위인 전세와 달리 수요자 우위 시장이다. 전세보다 주거비가 비싸 월세 매물이 넘친다. 요컨대 월세가 잘 나가려면 입지, 상품 등에서 우월적 지위에 있어야 가능한 일이다. 투자처를 고를 때 월세가 상승하는 지역이 어딘지 항상 눈여겨보라. 다리품을 팔아 그런 곳을 찾아내는 게 저성장, 고령화 시대에 실패하지 않는 부동산 투자법이다.

같은 임대라도 전세가 잘 나간다고 무턱대고 이런 집을 선택하면 위험할 수 있다. 요즘 같은 전세 소멸 시대에 전세는 산꼭대기 오두막집이라도 세입자를 쉽게 구할 수 있다. 전세는 임대수익이 아니라 사금융 개념으로 접근해야 한다. 집 살 돈이 모자라 개인적으로 세입자에게 무이자로 꾸는 자금 정도로 봐야 한다는 얘기다. 전세는 수급에 따라 가격의 변동성이 큰 게 특징이다. 주택 입주물량이 급증하면 전세 소멸 시대에도 단기적으로 전세가격이 곤두박질칠 수 있다는 얘기다. 전세는 오로지 현재의 수급만을 반영하는 특성이 있기 때문이다.

이런 상황에서 소액 자본으로 전세를 안고 집을 사는 이른바 '갭투자'는 위험한 투기 행위다. 특히 계약 만기 때 전세보증금 채무의 반환 이행을 자신이 적극적으로 하는 것이 아니라 시장의 또 다른 세입자에게 맡긴다는 점에서 부도덕하다. 갭 투자는 전세가격이나 매매가격이 하락하지 않을 것이라는 맹신하에 시도하는 투기적인 매입 행위다. 하지만 가격의 우상향이 무너지면 이런 투기 행위는 가격 변동에 따른 후유증이 클 수밖에 없을 것이다. 즉 투자자는 깡통주택, 세입자는 깡통전세의 피해를 입을 수 있으니 시도하지 않는 게 현명하다.

임대수익률과 자본수익률의 앙상블

임대수익률이 높으면 무조건 좋은 부동산일까. 이왕이면 임대수익률이 높은 게 좋은 것은 당연하다. 하지만 현실에서는 임대수익률 못지않게 투자수익률 역시 중요한 개념으로 인식된다. 투자수익률은 자본수익률과 임대수익률을 합친 것이다(투자수익률=자본수익률+임대수익률). 일반적으로 자본수익률은 땅, 임대수익률은 건물이 각각 결정한다. 예컨대 투자자들이 요구하는 수익률이 연 7%라고 하자.[3] 자본수익률, 즉 땅값 상승률이 연 3%에 이를 것으로 기대한다면 임대수익률은 연 4%만 되어도 요구조건을 맞출 수 있다. 하지만 땅값 상승률이 1%라면 임대수익률이 6%는 되어야 투자수익률 7%를 충족시킬 수 있다. 서울 강남 지역 상가빌딩 임대수익률이 4% 안팎에 불과한데도 거래되는 것은 땅값 상승에 대한 기대가 그만큼 크기 때문이다. 물론 경험적으로 매매가격의 하방경직성이 강하고 환금성이 높다는 메리트도 고려됐을 것이다. 반대로 지방일수록 임대료가 높아야 거래가 되는 것은 땅값 상승에 대한 기대가 낮아서다.

가장 이상적인 것은 꿩(임대수익) 먹고 알(시세차익) 먹는 부동산에 투자하는 것이다. 하지만 두 가지 조건을 모두 갖춘 부동산을 찾기란 여간 어려운 일이 아니다. 그래서 선택을 할 때는 자신의 처지에 따라 어느 한쪽에 비중을 두는 것이 필요하다. 나이가 많을수록 임대수익률에 좀 더 비중을 높이는 것이 좋을 것이다. 미래의 시세차익보다는 당장의 현금흐름이 소중하기 때문이다. 그런 점에서 은퇴

한 사람으로 이렇다 할 소득이 없다면, 임대수익률이 높은 경우 지방 대도시의 부동산을 사는 것도 무난하다. 관리에 큰 부담이 없고 역세권이나 교통요지라는 전제하에서 말이다.

월세보다 월급이 먼저다

서울에 거주하는 대기업 임원인 김수진(가명·54) 씨. 그는 작년 산 '꼬마빌딩' 투자가 잘못된 게 아닌지 회의감이 들 때가 많다. 남들이 들으면 배부른 소리라고 비난할 만한 얘기지만, 솔직히 월세 1,000만 원을 받아도 별로 반갑지가 않다. 연봉을 포함한 연수익 5억 원이 넘는 김씨로서는 근로소득과 임대소득을 합하면 소득세 최고세율(40%, 지방소득세 포함 44%)에 해당하기 때문이다. 김씨는 "임대료를 받아도 세금으로 많은 부분을 떼이니 세후 임대수익이 뚝 떨어진다"고 말했다. 더욱이 꼬마빌딩 2개 층에 고시텔이 있어 관리가 여간 부담스럽지 않다. 김씨는 경쟁력이 있는 전문직종 임원이라 앞으로 적어도 6~7년은 임원으로 근무할 수 있을 것 같다. 김씨는 "급여소득이나 관리 문제를 고려하지 않고 너무 빨리 월세 받기에 나선 게 아닌가 생각된다"고 말한다.

은퇴자에게는 현금흐름인 월세가 수입원으로서 중요한 가치를 지니지만, 아직 현역인 고소득 샐러리맨이나 자영업자에게는 세금 부담 때문에 실익이 크지 않을 수 있다. 현역들은 세전 수익보다는 세후 수익으로 판단할 필요가 있다는 얘기다. 그런 점에서 고소득자들에게는 맞춤형 은퇴 전략이 필요하다.

우선 고소득 자영업자·샐러리맨은 입지 여건이 같다면, 건물은 낡고 층수도 낮아 임대료 월세 수입은 고만고만하지만 토지가치가 큰 곳을 매입하는 게 더 낫다. 퇴직 이전까지는 임대료보다 토지 경쟁력이 더 중요하다는 얘기다. 세금 복병을 고려하지 않은 무조건적인 월세 중심의 자산 설계는 비현실적이다. 또박또박 월세를 받으면 세금도 그만큼 또박또박 나갈 것이다.

또 월세소득이 급여소득과 합산돼 세금 부담이 무거운 고소득 샐러리맨의 월세 받기는 단계별 방법이 좋다. 은퇴 이전에는 임대보증금 혹은 전세 비중을 높이고 은퇴 이후 이를 월세로 전환하는 방법이다. 임대보증금이나 전세는 빚 혹은 대출금이므로 월세보다 세금 부담이 적기 때문이다.

마지막으로 많은 사람이 주로 절세 목적으로 임대사업자 등록을 염두에 두지만 월급쟁이는 조심해야 한다. 임대사업자는 부동산으로 사업을 하는 사람이다. 샐러리맨은 주로 회사일 이외에 다른 일을 하지 않겠다는 약속을 하고 급여를 받는다. 말하자면 전속 근로계약이다. 하지만 임대사업자 등록은 스스로 '투잡'을 공식적으로 시인하는 꼴이다. 취업규칙을 위배한 행위로 볼 수 있다. 금융권 임직원이나 공무원일수록 원칙적으로 임대사업자 등록을 제한하므로 내규를 꼼꼼히 따져야 한다. 거듭 강조하건대, 퇴직 이전에는 월세보다 월급이 소중하다.

유명한 곳은 실패가 적다

결혼 10년 기념으로 첫 일본 여행을 준비하고 있는 회사원 진덕기 (가명·41) 씨는 요즘 도쿄와 오사카 맛집 탐색이 한창이다. 미식가인 아내를 위해 평소 아껴둔 돈을 맛있는 음식을 먹는 데 쓸 예정이다. 진씨가 아내를 실망시키지 않을 방법은 없을까. 초행길에서 그나마 실패의 확률을 줄이는 방법은 평판을 통해 판단하는 것이다. 더 간단한 방법은 유서 깊은 유명한 집을 찾는 것이다. 이름은 그냥 얻는 것이 아니다. 허울만 좋은 유명 음식점도 간혹 있지만 대체로 이름값을 한다. 우리가 낯선 곳에서 확실한 정보가 없을 때 일단 명소를 찾는 것도 이 같은 이유에서다.

다른 사람은 정보를 알고 당사자는 모르는 '정보의 비대칭성'은 음식점 못지않게 부동산시장에서도 뚜렷하게 나타낸다. 부동산은 개별성과 지역성이 강하게 작용하는 상품이기 때문이다. 가령 한 동네에서 일어난 일은 다른 동네에서 알기 어렵다. 이런 상황에서 그나마 비대칭성에 따른 불이익을 피하는 방법은 많이 알려진 부동산을 사는 것이다. 동네 사람들은 물론 인근 사람들에게까지 많이 알려진 부동산은 실패의 확률을 줄일 수 있다. 유명한 부동산은 이미 많은 사람에게 정보가 공개되어 수익 측면에서 유망하지 않을 수 있다. 하지만 투자의 수렁에 빠지는 일은 흔치 않을 것이다.

오랫동안 유명할수록, 평판이 좋을수록 내가 몰라서 당하는 위험을 줄일 수 있는 셈이다. 평판이 소유자보다 세입자나 이용자에 의해 형성된 것이라면 좀 더 신빙성이 있을 것이다. 내 것이라는 정서적 가치를 배제한 채 객관적인 주거가치를 반영하는 것이기 때문이다. 평판이 나쁜 곳은 오랫동안 유명할 수 없다. 아마도 어느 순간 소리 없이 유명세를 잃을 것이다. 장기간 유명한 곳은 어느 정도 많은 사람에 의해 검증된 곳이다. 유명하면 굳이 부연할 필요가 없다. 즉 구차하게 위치를 설명하지 않아도 되는 부동산을 선택하는 것은 정보의 비대칭성에 따른 불이익을 그나마 최소화할 수 있는 길이다.

부동산 블루칩의 조건

주식시장에서 블루칩은 재무구조가 튼실한 대형 우량주를 뜻한다. 수익성·성장성·안정성이 높은 주식으로 중소형 개별주와 반대되는 개념이다. 아파트시장의 블루칩이 되기 위해서는 주거 여건이 좋은 곳, 이른바 주거 프리미엄이 높은 곳이라는 조건을 충족해야 한다.

어떤 부동산이든 블루칩의 제1 조건은 교통이다. 이 가운데 지하철(전철) 근접성은 필수적이다. 대도시의 생활이 주로 지하철 중심으로 이뤄지기 때문이다. 역세권은 젊은 층뿐만 아니라 은퇴 계층에게도 주거지 선택에서 빠트리지 말아야 할 핵심 요소다. 65세 이상 고령자들은 지하철 무임승차가 가능해 병원이나 도서관, 볼거리를 찾아 편리하게 이동할 수 있어서다. 역마다 화장실이 설치돼 있어 나이 들어 자주 화장실을 들락거려야 하는 생리적 문제도 해결할 수 있다. 최근 한낮에 신분당선을 타봤더니 샐러리맨이나 주부들 사이로 머리가 희끗희끗한 고령자들이 의외로 눈에 많이 띄었다. 전체 승객 중 20~30%는 되어 보였다. 무임승차의 끌림, 경험해본 사람만 안다. 부자나 빈자나 느끼는 공짜의 마력은 같다. 지하철 무임승차 인구가 늘어나면서 도시의 상권까지 바뀔 정도다. 미래에도 지하철은 고령자들이 애용하는 매력적인 이동 수단이 될 것 같다. 따라서 역세권같이 교통 여건이 좋은 도심 주택은 고령사회에서도 수요가 쉽게 고갈되지 않을 것이다. 나중에 되팔 때도 잘 팔릴 것은 불문가지다.

블루칩 부동산의 또 다른 조건은 평지여야 한다는 것이다. 일반적으로 평지는 접근성이 좋아 살기도 좋다. 나이 들어 지팡이를 짚고 움직일 때를 생각하면 주거지를 고를 때 평지가 낫다. 여기에다

우수한 교육 여건, 숲이나 강 조망권, 1,000가구 이상의 대단지 등을 갖추고 있으면 주거지로서 최상의 입지다.

블루칩 부동산 설명이 좀 복잡한가. 좀 더 쉽게 말하면 적어도 택시운전사가 알아야 블루칩 부동산의 대열에 오를 수 있다. 택시운전사가 모르는 아파트는 지역적으로 외지거나 나 홀로 아파트일 가능성이 크다. 해외 동포나 외국인들이 사는 아파트도 블루칩에 속한다. 외국인이 한국 아파트를 살 때는 해당 지역에서 잘 알려진 랜드마크를 사려는 경향이 강하다. 외국인 투자자들이 한국 주식을 살 때 대체로 삼성전자를 사는 것처럼 말이다. 대형 우량주여서 위험성이 그만큼 덜하기 때문이다. 옛말에 '잘 모르면 대로변 땅을 사라'는 논리와 같다. 다만 연예인이 사는 동네가 모두 블루칩 동네는 아닌 것 같다. TV에 나오는 연예인이 너무 많은 데다 부의 수준이 천차만별이기 때문이다. 외곽 지역이나 서민 동네에서 소박하게 사는 연예인이 의외로 많다. 연예인 따라 하기 투자가 반드시 성공을 보장하진 않는다.

틈새상품보다 메인상품이 든든하다

일반적으로 불황이 오면 틈새상품을 찾으려는 경향이 뚜렷해진다. 뭔가 불황의 돌파구를 찾을 수 있지 않을까 하는 막연한 기대감에서다. 하지만 틈새상품은 오히려 불황기에 취약한 상품이다. 나무를 예로 들어보자. 평상시에는 몸통(메인상품)과 곁가지(틈새상품) 간에 큰 차이가 나지 않는다. 하지만 가뭄이 한두 달이 아니라 3년 이상 오래가면 상황은 달라진다. 몸통은 끄떡없지만 곁가지는 말라 비틀어져 결국 부러진다. 틈새상품은 주류시장이 아니라 비주류시장에 속한다. 비주류시장은 수요자가 많지 않아 거래가 뜸하다. 반짝 인기를 끌었다가 소리 없이 사라진다. 과거 한때 폭발적인 관심을 끌었던 수익형 펜션, 테마형 쇼핑몰, 서비스드 레지던스는 부동산시장에서 존재감이 거의 없어졌다.

틈새시장의 가장 큰 특징은 부동산중개업자가 드물다는 것이다. 부동산중개업은 거래를 통해 먹고사는 유기체다. 중개업자가 드물다는 것은 그만큼 매매가 활발하지 않아 거래로 먹고살기 어렵다는 것이다. 틈새시장에서는 중간에 손절매를 하고 싶어도 살 사람이 드물고 중개할 사람도 없어 뜻을 이루기 어려운 게 현실이다. 또 하나, 틈새상품의 단점은 용처가 제한되어 있다는 점이다. 가령 옷가게 중심의 테마형 쇼핑몰이 임대되지 않을 경우 주인이 직접 나서서 옷 장사를 하기는 쉽지 않은 일이다.

요즘 활발하게 분양하는 또 다른 틈새상품인 분양형 호텔의 미래는 단언할 수 없다. 여기서 염두에 둬야 할 것은 수익 약정 기간에는 수익률이 높더라도 그 이후에는 수익을 보장할 수 없으며, 매각 또한 여의치 않을 수 있다는 점이다. 임대수익을 약정하는 업체가 공공기관이 아니라 중소규모 시행사라는 것도 체크해야 할 것이다. '월 ○○○만 원 보장', '연금처럼 꼬박꼬박', '평생 수익'이라는 표현을 사용하면서 마치 장기간 안정적 수익을 보장하는 것처럼 뻥튀기식 광고를 하는 곳은 일단 피하는 게 좋다.

해당 분야에 전문지식이 없다면, 은퇴자라면, 보수적인 투자자라면 틈새상품보다는 메인상품을 택하라. 남들이 많이 사고파는 메인상품인 아파트가 차라리 낫다. 아파트는 임대가 여의치 않으면 직접 거주할 수 있고 자식에게 증여할 수도 있어 용처가 다양하다. 노후에 아파트는 임대수익이 상대적으로 낮은 게 단점이지만 최선은 아니더라도 차선은 되는 대안이다.

랜드마크 아파트 시세가 더 잘 떨어지는 이유

사람들은 대체로 랜드마크 대단지 아파트는 가격이 잘 떨어지지 않을 것으로 생각한다. 하지만 현실은 그렇지 않다. 랜드마크 아파트는 단기적으로 오를 때 다른 단지보다 더 많이 오르고, 내릴 때 더 많이 내린다. 장기간, 평균적으로 따질 때 차별적 상승을 보일 수는 있지만 말이다. 실제로 랜드마크 대장주 아파트로 구성된 'KB 선도아파트50 지수'의 추이를 지켜보면 일반 아파트에 비해 가격 변동성이 크게 나타난다. 이 지수는 매년 시가총액 상위 50개 아파트, 이른바 블루칩 단지를 묶어놓은 것이다.

블루칩 아파트는 주변 아파트 가격을 선도하는 대단지로 시장 흐름을 읽을 수 있는 바로미터 성격이 강하다. 블루칩 아파트의 가격 변동성이 큰 것은 대단지 아파트여서 거래가 잦아 시세 포착이 더 쉽기 때문일 것으로 판단된다. 실제로 가격이 하락할 때 나 홀로 아파트는 거래가 거의 없어 시세가 얼마인지 알 수 없다. 아파트를 매도하려는 사람도 거래 사실이 없어 옛 시세를 고집할 수 있다. 나 홀로 아파트들의 실제 가치는 블루칩 아파트보다 더 많이 떨어졌지만 표시를 하지 못했을 뿐이다. 일종의 착시다. 그러나 대단지 아파트는 불황이라도 적어도 한두 건은 거래가 이뤄질 것이고, 떨어진 가격을 먼저 파악할 수 있게 되는 것이다. 바닥권에서 거래될 때도 당연히 블루칩이 먼저 팔린다. 주택을 살 때는 블루칩 아파트의 동향을 항상 파악하라. 특히 가격 변화가 더딘 나 홀로 아파트나 빌라·다세대주택을 사고팔 때는 블루칩의 거래 동향을 투자의 풍향계로 삼는 게 좋다.

신축이 입지를 이길까?

요즘 신축 아파트의 몸값이 치솟고 있다. 소득 증가로 주거 기대 수준이 덩달아 올라가면서 나타난 현상이다. '새 아파트 신드롬'이라고 해도 과언이 아니다. 요즘 아파트 구매를 고민하는 사람들은 외곽의 새 아파트를 살 것인가, 아니면 조금 낡았더라도 도심에 기존 아파트를 살 것인가 고민한다. 언제나 그렇듯이 선택은 쉽지 않다. 미래보다는 현재가치를 즐길 것인가, 미래를 위해 현재가치를 포기할 것인가 하는 문제다.

개인적인 호불호를 떠나 순수한 자산관리 측면에서 생각해보자. 일반적으로 중·단기적으로는 신축(새 건물)이 입지(땅)를 누르지만, 장기적으로는 입지가 신축을 누른다. 부동산은 장기적으로는 땅값이 결정한다는 얘기다. 콘크리트 건물의 가치는 시간이 지날수록 감가상각이 되면서 사라진다. 부동산에 나타나는 인플레이션 방어 효과는 건물이 아니라 땅이다. 그런 측면에서 외곽에 있는 고층 건물의 화려한 외관에 현혹되어 덜컥 사는 것은 위험하다. 이 같은 부동산은 건물 가액이 토지 가액보다 높은 경우가 대부분인데, 시간이 갈수록 손해를 볼 수 있으니 조심하는 게 좋다. 외곽에 건물을 사더라도 사거리 같은 교통요지에 땅은 넓고 층수가 너무 높지 않은 중·저층을 선택하는 것이 낫다.

아파트 역시 출퇴근 거리를 고려해 좀 낡았더라도 직장 근처의 작은 아파트를 고르는 게 낫지 않을까. '가성비(가격 대비 성능)'를 고려하면 새 아파트보다는 준공 10년 안팎의 중고 아파트가 더 실속이 있다는 생각이다. 낡은 아파트는 바퀴벌레가 나와 싫다고? 요즘은 약효가 뛰어난 바퀴벌레 퇴치약이 많이 나오므로 크게 걱정하지 않아도 된다.

또 대중교통 수단으로 출근이 1시간 이상 소요되는 삶은 사람을 쉽게 지치게 한다. 소득이 높은 직장인일수록 통근비를 아끼기 위해 더 많은 비용을 투자하려는 경향을 보인다.[4] 통근하느라 쏟는 비용과 시간을 고려하면 회사 근처 주택을 마련하는 게 더 나은 선택이라고 생각하기 때문이다. '통근자의 역설'이라는 말을 아는가. 거주지를 선택할 때 통근 시의 고역을 과소평가한 채 언덕 위의 하얀 집을 선망하는 심리를 말한다.[5]

샐러리맨은 돈을 집이 아닌 회사에서 번다. 아마도 평생 벌어들이는 월급이 집값 상승분보다 높을 것이다. 그러니 '삶의 터전'인 회사에 충실할 수 있는 곳에 집을 구하라. 경험적으로 볼 때 젊은 직장인이라면 회사에서 가깝고 출퇴근이 편리한 도심 역세권을 고르는 게 먼저다. 문제는 자금 사정이 여의치 않을 수 있다는 점이다. 이 경우 역세권에서 여러 후보 주택을 가려낸 뒤 이 가운데 돈에 맞춰 최대한 저렴한 집을 찾는 것이다. 요컨대 바쁜 샐러리맨이 한정된 자산에서 처음 집을 구하려면 '직장 1시간 이내 거리 → 역세권 → 싼 집' 등의 순서로 적당한 곳을 찾는 게 현명하다. 좋은 입지는 나중에 재산적 가치도 뛰어날 것이다.

함부로 매매 타이밍을 재지 마라

경기도 분당신도시 빌라에 전세로 사는 대기업 임원 출신 배진욱(가명·58) 씨는 요즘 집 문제로 '멘붕(멘탈 붕괴)' 상태에서 벗어나지 못하고 있다. 집값이 떨어질 것으로 내다보고 집을 팔았지만, 예측이 빗나가 자괴감에 시달리고 있다.

배씨는 2015년 여름 서울 반포동에 있는 전용면적 84㎡짜리 재건축 대상 저층 아파트를 덜컥 팔았다. 그는 미국이 2016년 기준금리를 본격적으로 올릴 것이라는 언론 보도를 계속 접하고 매도 결심을 했다. 미국이 기준금리를 인상하면 한국도 뒤따라 올릴 것이고 반포동 아파트값도 떨어질 것이라는 판단이 들어서다. 한동안 전세로 살다가 집값이 떨어지면 저점에서 되사겠다는 복안이었다. 배씨의 결정에는 미국에서 금융경제 분야 석사학위를 딴 큰딸의 조언도 큰 역할을 했다. 큰딸은 "미국 금리가 글로벌 금융시장에서 선행지표 성격을 갖고 있으니 한국도 뒤따라 움직일 것"이라고 했다. 하지만 예상은 빗나갔다. 미국이 기준금리를 올렸지만 한국은 되레 낮췄다. 반포동 아파트값은 1년 새 5억 원이나 올라, 이제 되살 엄두가 나지 않는다. 단기적으로 보면 배씨의 금리와 집값 전망이 모두 틀린 셈이다. 배씨는 "얄팍한 지식으로 변화무쌍한 시장을 전망한다는 게 무모하다는 걸 깨달았다"고 말한다.

임계점을 지나야 큰 가격 변화 온다

조금이라도 배운 사람일수록 자신이 출렁이는 부동산시장에서 '파도타기 선수'가 될 수 있다고 생각하고, 또 그렇게 행동하려고 한다. 이는 시점을 잘 포착해 사고파는 일을 능수능란하게 해낼 것이라는 잘못된 믿음에서 나온다. 문제는 예측의 적중률이다. 개인이 전망이나 예측을 해서 결과를 맞힐 확률은 3분의 1 미만이다.[6] 미국의 전설적인 펀드매니저 피터 린치Peter Lynch는 "미래를 예측해서 부를 일군 사람을 단 한 번도 만난 적이 없다"고 말했다.[7] 서울 종로구에서 40년 가까이 금은방을 운영하는 70대 주인도 "솔직히 금값이 오를지 내릴지 맞힌 적이 거의 없었던 것 같다"고 털어놨다. 예측할 때 쓰는 도구는 주로 과거의 경험과 추세다. 피터 린치의 말처럼 '자동차 백미러로 앞을 내다보는 꼴'이다.[8] 하지만 미래는 과거의 전철을 그대로 답습하지 않는다. 그래서 전망은 자주 틀린다. 오죽하면 '전망은 틀리기 위해 존재한다'는 말까지 있을까. 투자 시장의 흐름을 예측해서 성공했다고 하더라도 순수한 실력 덕분이라고 말하기 어렵다. 운이 그만큼 따라줬기에 가능한 일이다.

부동산은 가격이 갑자기 폭등하지 않듯이 악재가 터졌다고 곧바로 급락하지 않는다. 거래 위축에 따른 가격 조정은 올 수 있지만 외부 쇼크가 오지 않는 한 생각만큼 빨리 급락 장세가 오지는 않는다. 이른바 '임계점Critical Point'을 지나야 가격의 큰 변화가 오기 때문이다. 임계점은 액체가 끓어 기체로 바뀌는 것처럼 물질의 성질이 다른 상태로 바뀌는 지점을 뜻한다. 임계점은 서서히 진행되던 어떤 현상이 작은 요인으로 한순간 폭발하는 급격한 변화 시점인 '티핑 포인트Tipping Point'와 유사한 개념이다.

과거 하우스푸어 사태를 떠올려보자. 2012년 하우스푸어 문제가 극에 달했을 때 전국 아파트 입주물량은 18만 가구가 채 되지 않았다(부동산 114). 연도별 아파트 입주물량이 2007년 31만, 2008년 32만, 2009년 28만, 2010년 29만, 2011년 21만 가구 정도였다는 것을 참고하라. 물량 압박에 따른 동맥경화증이 장기간 지속되면서 임계점을 지나서야 가격이 지지선 이하로 흘러내렸다. 이는 사회 혁명과 비슷하다. 혁명은 하나의 모순이 있다고 해서 곧바로 일어나지는 않는다. 여러 개의 모순이 누적돼 기존 체제가 더는 작동하지 않을 때 갑자기 폭발하듯이 일어난다.

주택시장도 입주물량이 쏟아지는 그해에 외부 악재가 겹치면 모를까, 입주물량만으로 집값이 폭락할 것이라는 생각은 지극히 단선적인 사고다. 물량이 많아도 주택시장의 자율조절장치가 작동한다면 조정으로 마무리될 수 있기 때문이다. 폭락은 자율조절장치가 한동안 작동되지 않아 소화불량이 심각해질 때 나타난다는 사실을 잊지 말아야 한다. 이는 만약 집값 폭락을 예상하고 바닥권에서 싸게 사겠다는 생각을 한다면 '매수 기간'을 길게 잡아야 한다는 것을 의미한다.

매매 타이밍의 세 가지 조건

부동산 매수·매도 타이밍을 맞추기 어렵다는 것을 알면서도 사람들은 그래도 적기適期를 알고 싶어 주위에 물어본다. 아마도 부동산 시장이 불안하다 보니 혹시 실패할지 모른다는 두려움 때문일 것이다. 내가 갖고 있는 부동산을 비싸게 팔고 싸게 사는 것, 누구나 바라는 바다. 하지만 매수·매도 타이밍을 맞추기 위해서는 세 가지 조건이 필요하다.

첫째, 가장 중요한 조건이 여유자금이다. 여유자금 없이 매수 타이밍을 따지는 것은 환상에 불과하다. 타이밍은 현금을 언제든지 동원할 수 있는 부자들만의 언어다. 많은 사람이 외환위기나 글로벌 금융위기 같은 큰 위기가 오면 집을 사겠다는 생각을 한다. 집값이 크게 떨어졌을 때 저점 매수하겠다는 복안이다. 이런 계획을 실현하려면 위기 때 예금과 적금 같은 현금성 자산이나 현금을 쥐고 있어야 한다. 요즘은 워낙 금리가 낮아 펀드나 주가연계증권ELS 등 금융 자산에 투자를 많이 한다. 하지만 위기가 오면 금융상품의 가격도 함께 폭락하기 마련이다. 손실을 떠안고 환매하는 것은 실익이 없기 때문에 현금화가 어렵다. 큰 위기로 폭락 장세가 오더라도 실제로 집을 살 수 있는 여력이 있는 사람은 많지 않다. 살 때라는 것을 알지만 막상 행동을 뒷받침할 돈이 없기 때문이다. 이런데도 많은 사람이 마치 자신이 현금 부자인 것처럼 매매 타이밍을 잰다. 만약 당신이 부동산 대폭락설을 믿는다면, 말로만 떠들지 말고 지금부터라도 조용히 실탄(자금)을 만들어라. "호랑이는 스스로 호랑이임을 밝히지 않는다. 다만 덮칠 뿐"이라는 아프리카 작가 월레 소잉카Wole Soyinka의 말을 가슴에 담아라. 결정적인 순간에 실행하려면 그만큼 평소에 소리 없이 착실하게 자금을 준비해야 한다는 뜻이다.

한 가지 더 얘기하자. 만약 전세금이 전 재산인 세입자라면 위기 때 집 사기가 더욱 어렵다. 위기 때 집을 사려면 집주인으로부터 전세보증금을 되찾아야 하는데, 계약 만기 이전에 보증금을 미리 내주는 자선 사업가는 드물다. 위기 때는 매매·전세 거래 모두 끊기는데, 가격은 매매보다 취약한 사금융인 전세가 더 떨어진다. 전세계약이 끝나도 보증금을 빼지 못하는 역전세난도 함께 일어나는 경우가 많아 제때 집 사기는 더욱 어렵다. 요컨대 대부분 세입자가 집을 사는 적기는 전세계약 기간이 만료돼 집주인으로부터 보증금을 받는 날이다. 그때 집을 살 현금을 쥘 수 있기 때문이다.

만약 폭락이 왔을 때 집을 사려면 전세로 살기보다는 보증금은 은행에 예치하고 월세로 살아야 가능하다. 하지만 월세살이가 쉬운 일인가. 월세로 산다는 것은 고혈을 짜서 온라인 통장으로 부치는 것처럼 고통스러운 일이다. 전세는 살고 싶고, 월세살이는 싫고, 그러면서 폭락이 왔을 때 집을 사겠다는 생각은 세상 물정을 모르거나 아니면 욕심이 많은 것이다.

둘째, 매매 타이밍을 따지기 위해서는 상품 자체가 표준화(규격화) 되어야 한다. 주식이나 채권처럼 표준화되어 있는 상품은 매매 타이밍이 매우 중요하다. '사는 것보다 파는 것이 더 중요하다', '주식을 사기보다는 때를 사라' 등 여러 격언이 회자되는 것도 주식이라는 상품의 표준화 덕이다. 표준화되지 않은 부동산의 적기를 따지는 건 공상에 가깝다. 가령 구획이 정리되지 않은 단독주택, 토지, 상가 등은 표준화되지 않은 상품이다. 비표준화된 부동산에 대해서는 탁월한 안목을 갖고 있지 않는 한 매수 타이밍에 연연하지 마라. 차라리 물건의 가격·입지 경쟁력 같은 가치를 보고 매입 여부를 결정하는 게 더 현명하다. 불황에는 알짜 매물을 쉽게 접할 수 있는 데다 가격 절충도 가능하다는 장점이 있다. 요컨대 비표준화된 부동산은 '타이밍'을 재기보다는 물건의 '가치'를 보고 판단해야 한다.

셋째, 거래가 빈번해야 매매 타이밍을 잴 수 있다. 거래가 빈번하다는 것은 부동산시장에서 매수자와 매도자가 많다는 뜻이다. 예컨대 거래가 거의 없는 시골 땅은 2~3년에 한 번 매수자가 나타난다. 이때가 매도 적기가 될 것이다. 상품이 표준화되어 있더라도 거래가 빈번하지 않으면 매매 타이밍을 재는 일은 역시 무의미하다. 나 홀로 아파트 단지뿐만 아니라 대규모 단지라도 대형아파트나 빌라, 콘도 등이 그 예다.

이처럼 상품이 표준화되지 않거나 거래가 빈번하지 않은 시장의 특성은 대체로 매수자 우위 시장인 경우가 많다는 것이다. 이런 상황에서 매도자가 시기를 따진다는 것은 백일몽에 가깝다. 떡 줄 사람은 생각도 않는데 김칫국부터 마시는 꼴이다. 부동산 상품 중에서 그나마 대규모 단지의 소형아파트는 매도 타이밍을 잴 수 있다. 하지만 거래가 꽁꽁 얼어붙을 정도의 침체기라면 이 역시도 어려운 일이다.

집으로 하는 위험한 머니게임

만약 쌈짓돈으로 머니게임을 한다면 실패를 하더라도 타격이 없다. 하지만 일반인에게 전 재산이나 다름없는, 사는 집 한 채로 머니게임을 벌인다는 것은 인생을 건 도박이다. 게임에서 실패할 경우 금전적 손실은 물론 스스로의 잘못된 판단에 대한 자책감, 원망, 우울감 등 감당하지 못할 마음의 상처를 받게 된다. 앞의 배씨처럼 살던 집을 판 뒤 저가 매수를 위해 전세로 거주하는 사람들은 심리적으로 매우 불안하다. 즉, 하루하루의 삶이 바람 부는 날 계곡에서 외줄 타기를 하는 곡예사처럼 조마조마하다. 혹시 집값이 오른다는 소식이라도 들리면 조바심에 밤잠을 설칠 수 있다.

집으로 머니게임을 하기 위해서는 가격 출렁임에도 끄떡없는 강심장의 소유자여야 할 것이다. 요즘 아파트시장은 주식보다는 덜하지만 가격의 변동성이 크게 나타난다. 아파트의 성격이 실거주 목적보다는 투자 상품으로 바뀐 데다 금융시장의 영향을 많이 받기 때문이다. 그리고 매매 타이밍을 맞추려면 미래를 내다보는 천리안을 갖고 있어야 한다. 보통 사람이라면 어지간해서는 집 한 채로 장난치지 마라. 아무리 도박을 잘하는 사람이라도 집은 대상에서 제외하라. 집 도박을 하다가 실패하면 인생이 파탄 날 수 있다.

2년마다 돌아오는 두세 달의 기회

중산층 중에서 아직도 많은 이들이 돈 좀 모으면 전세를 끼고 아파트를 산다. 그리고 아파트를 언제 팔까 고민한다. 하지만 전세를 안고 있는 일반 아파트는 거래가 잘 되지 않는다는 점을 고려할 때 비현실적인 고민이다. 2년마다 돌아오는 전세계약 만기일 전후가 집을 팔 기회다. 세입자에게 적어도 전세계약 만기일 1개월 이전까지는 연장 여부를 통보해야 한다. 이런 점을 고려하면 실제로 팔 수 있는 기간은 만기일 1~3개월 이전의 짧은 기간에 불과하다. 예컨대올해 6월 말이 전세계약 만기일이라면 3월 말부터 5월 말까지가 실제로 매각이 가능한 시기라는 얘기다. 이때를 놓치면 2년 뒤에나 매각할 수 있다.

주위를 둘러보면 전세계약 만기일에 집을 팔지 못해 어쩔 수 없이 보유하고 있는 사람들이 의외로 많다. 서울과 지방 구분 없이 대형아파트일수록, 투자수요보다는 실수요가 많은 곳일수록 이런 현상이 심하다. 물론 전세계약 기간에 팔 수도 있지만 매수자에게 대가를 제공해야 한다. 바로 가격을 깎아주는 것이다. 하지만 그것도 매수자가 있을 때 가능한 일이다. 만약 팔리지 않는다면 직접 들어가 거주하면서 매각하는 방안도 검토해야 한다. 직접 거주하면 두세 달이 아니라 365일 매각 기회가 주어지기 때문이다.

오전에 팔았으면 오후에 사라

우리 아버지 세대는 집을 옮길 때 굳이 타이밍을 재지 않았다. 가령 인천에서 수원으로 이사를 간다고 하자. 대부분 아버지는 인천 집을 팔고 매도 계약금을 받아 곧바로 수원 집을 계약했다. 인천 집값이 오를 것 같아 나중에 팔기 위해 세를 들이는 일은 흔치 않았다. 집을 재테크로 생각하는 개념이 강하지 않았기 때문이리라.

요즘도 실거주 용도의 집 한 채에 대해서는 아버지들의 집 갈아타기 방식이 유효하다. 집을 사고팔 때 너무 잔재주를 부리지 않는 것이 좋다는 얘기다. 가령 오전 10시에 매도 계약금을 받았다면 당일 오후 4시 매수 계약금을 지급한다고 생각하라. 특별한 경우가 아니고서는 집을 판 뒤 늦어도 열흘을 넘기지 않고 집을 다시 사는 게 좋다. 벽돌을 빼냈으면 더 늦기 전에 다시 끼워 넣는 것이다. 그래야 마음이 편하다.

그리고 집 한 채를 거래할 때는 반드시 팔고 난 뒤 사는 게 좋다. 위를 비워야 음식을 채울 수 있는 것과 같은 논리다. 물론 새집을 산 뒤 기존 집을 3년 이내에 팔면 일시적인 1가구 2주택자로 양도소득세 비과세 혜택을 받을 수 있다. 하지만 살던 집을 한번 전세 놓으면 또 매각이 여의치 않다. 일이 꼬이면 양도세를 줄이기 위해 새로 산 집을 되팔아야 하는 극단적인 상황까지 올 수 있다. 그러니 모든 일은 순리대로 하라.

아파트 분양 타이밍의 허구

"제발 복권 좀 당첨되게 해주세요."

어느 독실한 신자가 매일 하느님께 간절히 기도했다. 하루 이틀 하다가 끝나겠지 생각했으나 계절이 바뀌어도 계속되는 것이 아닌가. 신자를 불쌍히 여긴 하느님은 그 옆을 지나가며 한마디 했다. "이 녀석아, 복권 한 장이라도 사놓고 기도해야 당첨을 시켜주든지 말든지 할 것 아니냐."

요즘 인터넷에서 회자되는 유머다. 가끔 언제 아파트를 분양받으면 좋으냐는 질문을 받는데, 그럴 때면 이 유머가 떠오른다. 분양 시기를 따지는 것은 내가 원하기만 하면 언제든 건설회사가 알짜 아파트를 내놓을 것처럼 착각하는 데서 나온다. 마치 돈 있으면 어느 때든 손에 쥘 수 있는 동네 가게의 아이스크림이나 과자처럼 말이다. 하지만 아파트 당첨받기는 돈 있다고 가능한 일이 아니다. 미분양을 사면 되지 않느냐고 물을 수도 있다. 그러나 미분양은 이미 수요자들로부터 외면당한 비인기 상품이라 메리트가 떨어진다. 돈 되는 아파트를 분양받고 싶다면 인기 지역 상품을 청약해야 한다. 인기 지역 상품은 나뿐만 아니라 남들도 선호한다. 당연히 경쟁률이 수십 대 일, 수백 대 일로 치솟을 것이다. 따라서 청약 지역을 놓고 고민한다면 모를까, 청약 시기를 놓고 걱정하는 것은 쓸데없는 일이다. 미분양 적체가 심한 지역이 아니거나 분양가가 특별하게 비싸지 않은 곳이라면 꾸준히 청약하는 인내심이 필요하다. 그래서 청약 시기를 놓고 걱정하는 사람들에게 이렇게 답변하고 싶다. "마음 놓고 청약하라. 어차피 당첨되지 않을 테니까."

매매시장에서 부동산을 사고팔든, 분양시장에서 분양을 받든 타이밍 찾기는 대부분 허구에 가깝다. 그런데도 우리는 적기를 찾기 위해 많은 시간을 허비한다. 우리의 재산 대부분이 부동산이라는 점도 있지만, 가격에 지나치게 노출되면서 스트레스를 그만큼 많이 받고 있다는 반증이리라.

상속·증여 잘못하면 '형제의 난' 일어난다

부산에 사는 은퇴자 박진국(가명·63) 씨는 요즘 동생들과 다툼이 잦다. 선친이 물려준 60억 원대 빌딩 매각 여부를 놓고 갈등을 빚고 있기 때문이다. 이 빌딩은 맏이인 박씨를 포함한 5명의 형제자매 공동 소유로 돼 있다. 박씨는 건물관리를 겸해 1층에서 작은 편의점을 열고 있다. 몇 년 전부터 동생들은 이구동성으로 건물을 팔자고 하더니 요즘은 압박의 수위를 더 높이고 있다. 이번 선친 기일에도 빌딩 매각 문제로 한바탕 설전을 벌였다. 장남으로서 빌딩에 대해 갖는 애착은 각별하다. 선친이 평생 일궈 물려주신 건물인데 세상 떠난 지 5년도 채 되지 않아 덜컥 파는 것은 자식으로서 도리가 아니라는 게 그의 생각이다. 하지만 동생들은 형이 흑심이 있기 때문이라고 의심하는 눈치다. 건물이 팔리면 일자리가 사라질까 봐 매각을 꺼린다는 것이다. 박씨는 "형제자매가 빌딩을 잘 가꾸면서 사이좋게 지내라고 물려주신 건데 오히려 다툼의 불씨가 된 것 같아 안타깝다"고 말했다.

쟁족을 아십니까

일본에서는 유산을 놓고 자녀들의 분쟁이 늘어나면서 신조어가 생겨났다. 바로 '쟁족爭族'이다. 상속재산을 둘러싸고 싸우는 가족이라는 뜻이다.[9] 주변에서도 보면 부모 재산을 놓고 분쟁을 겪는 사람들이 적지 않다. 재산이 많을수록, 자녀 수가 많을수록 분쟁의 빈도는 높아진다. 요즘 재산 분쟁을 지켜보면서 느끼는 것은 왜 처음부터 분할하지 않았을까 하는 점이다. 특히 부동산을 자녀 공동명의로 나눠주면 생각보다 다툼이 자주 일어난다.

말기 신부전증을 앓고 있는 김진택(가명·85) 씨는 요즘 화병까지 생길 지경이다. 갈수록 기력이 쇠진해지는 것을 느껴 5년 전 서울 강북에 있는 상가건물과 지방 땅을 공동명의로 아들 4명에게 증여했는데, 그것이 오히려 가족 간 분쟁의 불씨가 되어버려서다. 그가 공동명의로 재산을 증여한 것은 자신이 세상을 떠나더라도 자식들이 부동산을 함부로 팔지 않고 지킬 것이라는 기대 때문이었다. 하지만 둘째 아들의 사업이 부도위기에 몰리면서 꼬이기 시작했다. 둘째 아들은 건물을 팔아서 급전을 조달하고 싶어 했다. 하지만 형과 동생들이 매각을 반대하자 자신의 지분 30%를 사달라고 요청했다. 지분 가격을 놓고 옥신각신하더니 결국 큰 소리가 오갔다. 형제간 사이가 소원해지더니 요즘 둘째 아들은 아예 명절 때도 오지 않는다. 김씨는 "내가 일군 재산을 가지고 아들들이 쌈박질하는 것을 보면 울화가 치민다"고 말했다.

김씨뿐 아니라 많은 사람이 자녀에게 재산을 공동명의로 넘겼다가 갈등에 휩싸인다. 물론 공동명의로 부동산을 증여하면 부동산 가액이 분산돼 단독명의보다 재산세, 종부세, 양도세의 절세 효과가 있다. 하지만 공동명의는 사공이 많으면 배가 산으로 가듯 의사결정이 쉽지 않고 다툼 또한 끊이지 않는다. 서울의 한 빌딩중개업체 임원은 "상속·증여 빌딩 가운데 50% 이상이 분쟁을 겪는 것 같다"고 말한다. 혈육 간에는 사소한 갈등도 감정의 골이 깊어지면서 돌이키지 못할 큰 싸움으로 비화되기 쉽다. 자녀들이 결혼해서 가정을 꾸리면 재산 싸움은 더 노골적으로 바뀌는 것 같다. 맏이는 동생, 동생은 맏이에게 서로 양보하고 싶지만 '피가 섞이지 않은' 배우자들이 간섭하면서 싸움의 판이 더 커지기 때문이다. 자녀들의 유산 분쟁을 최소화하려면 여러 부동산을 각자 몫으로 나눠서 주거나 아예 매각해 현금으로 주는 게 낫다. 처음부터 재산 분쟁의 싹을 없애버리는 것이다. 재산 증여 과정에서 가족회의를 열어 부모의 계획을 설명한 뒤 자녀에게 동의를 구하는 것은 필수다.

재산 증여는 곧 권력의 이동

당신이 사업을 해서 오래전 구입한 빌딩이 있다고 하자. 이제는 내 분신처럼 생각될 정도로 애착이 강한 빌딩이다. 나이가 많이 들어 빌딩을 자식에게 넘기려고 한다. 이럴 때 어떤 생각이 들까. 나의 유전자를 잇는 자식에게 재산을 승계할 수 있으니 뿌듯하고 행복한 감정이 들까, 아니면 애지중지하던 물건을 남에게 줬을 때 느끼는 허탈감이 더 클까. 그것도 아니면 재산을 넘겨줬으니 부모를 홀대하지 않을까 하는 불안감을 느낄까. 80대 전직 사업가는 "증여계약서를 작성할 때 형언할 수 없는 미묘한 감정이 들었다"고 말했다.

서울의 한 변호사는 최근 아들에게 부동산 증여를 원하는 자산가의 집을 찾았다. 이 변호사는 "증여계약서에 도장을 찍고 난 뒤 아버지가 슬며시 자신의 방에 가서 울더라"고 했다. 이 바람에 증여계약서를 작성하던 집안 분위기가 어색해졌던 기억이 난다고 그는 덧붙였다.

이런 얘기를 듣고 처음에는 아버지들의 마음을 이해하지 못했다. 하지만 권력의 이동으로 생각하면 고개가 끄덕여진다. 아들과 아버지는 혈육관계이지만 한편으로는 권력관계다. 재산 증여는 재력으로 생기는 권세인 금권金權이 아버지에서 아들로 이동하는 것을 의미한다. 아버지 입장에서 금권의 이동은 재산을 매개로 한 집안일의 주도권 상실로 이어진다. 옛날 시어머니가 곳간 열쇠를 며느리에게 쉽게 주지 않았던 이유와 비슷하다. 그래서 말인데, 그 자산가는 가족

관계에서 더는 갑甲이 아니라 자식에게 아쉬운 소리를 해야 할지 모른다는 괜한 생각, 지위 박탈감이 섞여 눈물을 흘린 게 아니었을까.

역사적으로 아버지와 아들이 극단적인 갈등관계를 겪은 예로 조선 시대 영조와 아들 사도세자를 들 수 있다. 영조가 아들을 뒤주에 가둬 죽인 행위를 어떻게 해석할까. 개인적으로 혈육이 아닌 권력 코드로 이해해야 한다는 생각이다. 혈육으로는 아버지가 아들, 그것도 친아들을 죽일 수 없다. 하지만 권력이 매개될 때 아들을 죽이는 비정한 아버지는 언제든지 등장할 수 있다. 우리가 흔히 듣는 '오이디푸스 콤플렉스'는 아들과 아버지 간의 알력이 원초적으로 생길 수밖에 없는 감정임을 말해준다.

영조는 사도세자는 미워했어도 세손(정조)에게는 애틋했다. 할아버지와 손자는 애정의 관계이지 권력의 관계가 될 수 없다. 손자·손녀는 보기만 해도 절로 웃음이 나온다. 늘그막 삶의 보람이다. 70대의 한 지인은 "심지어 손자를 오래 보기 위해 헬스클럽에서 운동을 시작한 친구가 있다"고 했다. 요즘 손주 사진을 지갑에 넣고 다니는 할아버지들이 많다. 하지만 지갑 속에 아들 사진은 없다. 최근 들어 아예 아들을 거치지 않고 손주에게 바로 증여(세대 생략 증여)하려는 사람이 많다. 이는 절세 목적 이외에 아들과 손자를 바라보는 감정 차이도 섞여 있기 때문이리라.

자식에게 증여를 하더라도 부모, 특히 아버지의 마음을 고려할 필요가 있다. 일반적으로 상속 개시 전 10년 이내에 상속인에게 증여한 재산은 상속재산 가액에 합산해 상속세를 부과한다. 상속세 부담을 줄이기 위해서는 하루라도 빨리 자녀에게 증여하는 게 좋지만 아버지의 미묘한 감정은 헤아려야 한다는 것이다.

현대판 고리오 영감들

"아! 내가 만일 부자였고, 재산을 거머쥐고 있었고, 그것을 자식에게 주지 않았다면, 딸년은 여기에 와 있을 테지. 그 애들은 키스로 내 뺨을 핥을 거야!"

발자크Honore de Balzac의 소설《고리오 영감》에서 주인공은 죽어가면서 두 딸을 원망한다. 고리오 영감은 제분업으로 큰돈을 벌었지만 이젠 빈털터리다. 마지막 남은 은수저를 내다 팔 정도니 오죽하랴. 그동안 벌어들인 재산은 모두 두 딸의 사치와 허영을 충족시키는 데 들어갔다. 두 딸은 철딱서니가 없다. 아버지의 베풂에 고마움을 느끼기는커녕 아버지를 자신들이 상류사회로 진입하는 데 돈을 대주는 존재로 여길 뿐이다. 무도회에 갈 드레스를 살 때처럼 돈이 필요할 때만 아버지를 찾는다. 아버지가 졸도해서 사경을 헤매는데 코빼기도 비치지 않는다. 심지어 장례식에도 참석하지 않을뿐더러 장례비도 대주지 않는다.[10] 불효도 보통 불효가 아니다.

가시고기처럼 아낌없이 주는 고리오 영감의 부정과 아버지를 비정하게 외면하는 두 딸의 스토리는 좀 극단적이다. 하지만 주변에는 고리오 영감은 아니더라도 비슷한 처지의 사람이 너무나 많다. 어린 자식 양육과 늙은 부모 봉양을 맞교환하던 시대가 지났기 때문일까. 금이야 옥이야 애지중지 키우고 결혼 이후에도 손주 육아 등 각종 애프터서비스를 하지만, 자식들은 부모가 더 퍼주기를 은근히 기대한다. 하지만 아낌없이 줬더니 되돌아오는 것은 냉대뿐이라는 늙은 부모의 푸념 듣기가 어디 한두 번이던가. 이제 자식은 노후의 보험이 결코 아니다. 오죽하면 "자식은 재산이 아니라 영구부채"라는 말까지 있을까. 심지어 어느 경로당에서 노인들이 "무찌르자 아들딸"이라는 구호를 외쳤다는 웃지 못할 얘기까지 들린다.

자식에게 박대당하지 않으려고 죽기 직전까지 재산을 움켜쥐려는 사람들도 많다. 이웃 일본에서 '노노老老상속'이 많은 것도 이러한 경향 때문이다. 노노상속은 자식에게 재산을 물려줘도 자신을 돌보지 않을 것이라고 본 일본 노인들이 죽을 때까지 재산을 넘기지 않아 생겨난 신조어다. 이러다 보니 100세 부모가 세상을 떠날 무렵 또 다른 노인인 80세 자식에게 재산을 넘겨주는 상황이 생겨난 것이다.[11] 과연 당신은 어떻게 할 것인가. 절세를 위해 재산을 조기 증여할 것인가, 아니면 재산을 끝까지 쥐고 갈 것인가.

먹튀 불효자 막는 효도계약서

혹시 증여한 재산을 자녀가 함부로 팔아버릴까, 허투루 돈을 써버릴까 걱정된다면 방법은 있다. 우선 검토해볼 만한 게 '효도계약서'

다. 이른바 조건부 증여계약서다. 재산을 증여하기는 하는데, 조건을 지키지 않으면 증여계약은 무효라는 의미의 계약서다. 가령 부동산을 증여하는 대신 용돈을 매달 부치고, 아플 때 병원치료비를 대며, 매달 1회 손주를 데리고 방문하라는 조건이다. 해당 부동산을 매각하거나 담보로 제공할 때 부모의 동의를 받아야 한다는 조건을 다는 것은 물론이다. 효도계약서는 재산을 물려받고도 자식의 도리를 하지 않는 '먹튀 불효자'를 막기 위한 장치다. 효도계약서에는 내용을 최대한 구체적으로 적는 게 좋다. 다만 자식이 계약을 이행하지 않더라도 증여 재산을 돌려받기는 쉽지 않다. 법적 소송이라는 복잡한 절차를 거쳐야 하기 때문이다. 강남의 한 자산가는 "효도계약서를 쓸까 고민했지만 피붙이인 아들을 대상으로 너무 야박한 게 아닌가 싶어 그만뒀다"고 말했다.

또 효도계약서가 아니면 금융권의 유언대용신탁이나 증여 때 일부 지분 남겨두기를 생각해볼 만하다. 유언대용신탁은 부모 등 피상속인이 신탁계약을 통해 부동산을 비롯한 상속재산을 자식 등 상속인에게 안정적으로 승계할 수 있는 신탁으로, 요즘 관심을 갖는 고령자들이 늘고 있다.

또 지분 남겨두기는 아들 100% 단독 명의로 등기하기보다 아들의 지분은 80%로 낮추고 대신 부모의 지분 20%를 남겨두는 것이다. 부모 홀대를 차단할 수 있을 뿐만 아니라 함부로 팔 수 없도록 일종의 족쇄 기능을 한다. 부동산을 처분하거나 근저당을 설정할 때 공유 지분자에게 동의를 구해야 하기 때문이다. 나중에 부모가 사망

하더라도 부동산 지분 가액이 많지 않아 자식의 상속세 부담도 덜 수 있어 여러모로 효과적이다. 더 중요한 것은 자식이 부모를 대하는 태도다. 겉으로는 지분 20% 때문이라고 하지 않겠지만 자식이 종종 찾아와 깍듯이 모시는 모습을 발견하게 된다.

쓸 만큼 쓰고 남으면 물려주라

자식이 크게 고생하지 않고 잘 살기를 바라는 것은 동서양 어느 부모든 한결같은 마음이리라. 자녀에게 주는 재산은 자녀가 남들보다 빨리 자립기반을 마련할 수 있는 든든한 버팀목이 될 것이다. 그래서 부모들은 자신의 씀씀이는 인색하면서도 자식들에게는 한 푼이라도 더 안겨주고 싶어 한다. 하지만 그 정도가 지나치니 문제다. 자식에게 많은 재산을 남겨준다고 자식들이 오래오래 행복할까. 땀 흘리지 않고 거저 얻은 재산은 길게 가지 않는 법이다. 스스로 재산관리 능력이 없는 자식에게 증여하는 것은 자식을 통제 불능의 낭비벽 환자로 만드는 것이나 다름없다.

요즘 이런 생각을 해본다. 100억 원대의 자산가인 아버지를 둔 자식 3명이 있다면, 이들은 얼마를 원할까. 서민 가정에서는 2억~3억 원이면 족하겠지만 갑부의 자식에게는 성이 차지 않을 것이다. 적어도 각자 20억~30억 원을 기대할 것이다. 자식은 부모가 가진 재산만큼 원하기 때문이다. "나의 꿈은 재벌 2세인데, 아버지가 전혀 노력을 하지 않아 꿈을 이루기 어렵다"라는 중·고등학생들의 우스갯소리는 요즘 세태를 반영한다. 심지어 대기업 직장인을 대상으로 설문조사를 해보니 가장 빨리 부자가 되는 방법으로 '재산 상속(37%)'을 가장 많이 꼽았다.[12] 부모의 사랑은 끝이 없지만, 자식의 바람도 끝이 없는 것 같다.

지금의 50대 이상 세대는 자신을 위해 투자해본 적이 별로 없다. 자식에게 재산을 물려주기 위해 아등바등 살 게 아니라 차라리 쓸 만큼 쓰고 남으면 주는 게 좋지 않을까. 현재를 조금이라도 즐기자. '카르페 디엠Carpe diem('지금 하고 싶은 것을 지금 하고 살라'는 뜻의 라틴어)'을 외쳐라. 남는 재산이 없으면 자식들이 다툴 일이 없다. 가끔 멀리 보고 돈을 묻어놓을 만한 부동산을 찾는 사람들을 본다. 결국 당장 나의 행복을 찾기보다는 먼 훗날 자식의 행복을 위해 재테크를 하겠다는 뜻이다. 이런 사람들에게 꼭 하고 싶은 얘기가 있다. "자식의 종은 그만 울리고 이제는 자신을 위해 종을 울려라"라고 말이다.

귀촌 · 귀농, 더는 로망이 아니다

3년 전 강원도 지역으로 귀촌을 선택한 박순식(가명 · 62) 씨는 뒤늦게 후회하고 있다. 6억 원을 들여 2층짜리 전원주택을 멋지게 지었지만 지역 주민들과 사이가 나빠져 적응에 실패한 것이다. 박씨는 최근 전원주택을 원가 이하로 내놓았다. 집이 팔리면 다시 서울로 올라갈 예정이다.

박씨의 귀촌은 집을 지을 때부터 삐걱댔다. 콘크리트 타설을 위해 레미콘 차량이 마을길을 지날 때 먼지가 날린다고 일부 주민이 민원을 제기했다. 골목길에 물을 1시간마다 뿌리는 조건으로 겨우 차량 통행 승낙을 받았다. 그리고 나니 옆집에서는 망치 소리가 시끄럽다고, 지붕 색깔이 너무 튄다고 잔소리하는 게 아닌가. 마을 주민들의 텃세는 생각보다 심했다. 무엇보다 대도시에서 평생을 보낸

이들 부부에게 '남의 일'에 사사건건 참견하는 시골 문화가 낯설었다. 그동안 마을 주민들과 몇 번 소통 기회가 있었지만 '마음의 앙금' 때문인지 쉽지 않았다. 계절이 몇 번 바뀌면서 박씨 집은 마을의 외딴섬이 되어버렸다. 하루하루가 스트레스의 연속이었다. 평소 내성적인 성격의 아내가 우울 증세까지 보이자 그는 정성 들여 지은 집을 팔기로 했다.

박씨는 귀촌을 너무 안이하게 생각한 게 실수였다고 털어났다. 집을 짓기 전 마을에 발전기금을 내놓거나 마을행사에 적극 참여하는 모습을 보였다면 주민들이 그렇게 배타적이지 않았을 것이다. 박씨는 "공동체 문화 성격이 강한 시골생활을 개인주의적 도시생활의 연장선으로 생각한 것이 정착 실패의 가장 큰 이유인 것 같다"고 말했다.

다 때려치우고 시골 가서 살까

은퇴를 앞둔 중장년층은 누구나 한 번쯤 귀촌·귀농을 꿈꿀 것이다. 귀촌과 귀농은 시골로 주거지를 옮겨 사는 것은 같지만 느낌부터 많이 다르다. 귀촌은 전원생활의 낭만과 여유로움의 공간이지만 귀농은 농약을 뿌리고 추수를 해야 하는 팍팍한 생활인의 영역이다. 귀농은 시골로 내려가 농사를 주업으로 하는 농업인이 되는 것이다. 다시 말해 귀농은 영농을 통해 수익을 올리는 농업 비즈니스의 일환이다. 현행 농지법상 농업인은 여러 규정이 있으나 일반적으로

1,000㎡(약 303평) 이상의 논밭에서 농사를 짓는 것이다. 1,000㎡ 미만의 텃밭을 가꾸는 것도 쉬운 일이 아닌데, 이때는 귀농이 아니라 귀촌에 해당돼 귀농인에게 주어지는 각종 지원 대상에서 제외된다.

귀촌·귀농은 그동안 낯익은 도시생활에서 벗어나 낯선 곳에서 새 삶의 터전을 개척하는 일이다. 귀촌·귀농을 '사회적 이민'이나 '제2의 이민'이라고 부르는 것도 이 때문이다.[13] 귀촌·귀농에 대한 환상을 버리고 치밀한 준비를 하지 않는다면 실패로 이어진다. 단순히 도시생활의 염증으로, 전원에 대한 막연한 호기심으로 귀촌·귀농을 선택할 경우 정착하지 못하고 다시 짐을 싸기 십상이다. 농촌문화를 이해하지 못하면 박씨처럼 마을 주민들과 어울리지 못하고 외톨이가 된다. 함께 어울릴 수 있는 커뮤니티가 없으면 전원생활은 즐거움은커녕 고역이 될 것이다.

요즘 귀촌·귀농이 늘어나고 있다고 하지만, 많은 사람이 귀농보다 귀촌을 선택한다. 주변을 봐도 대도시에서 태어나 오랫동안 직장생활을 하다가 은퇴 이후 귀농하는 사람들은 드물다. 그만큼 익숙하지 않은 농사를 업으로 시작한다는 게 쉬운 일이 아니다. 귀농에서 성공하려면 가능한 한 젊어서 도전하고, 적어도 5년간 착실한 준비과정을 거쳐야 한다.

이 책의 독자 가운데 귀농을 선택하는 사람들은 많지 않을 것이다. 중학생 때까지 농사일을 거들었던 시골 출신의 필자에게도 귀농은 쉬운 문제가 아니다. 아내가 탐탁지 않게 생각하고 있어서다. 귀촌은 어떤가. 하루아침에 도시생활을 청산하고 시골로 주민등록을 옮기는 귀촌 역시 쉬운 결정은 아니다. 귀촌은 주소만 시골로 옮기는 게 아니라 환경과 사회적 관계에서 큰 변화가 뒤따르기 마련이다. 집만 멋지게 짓는다고 귀촌에 성공한 것이 아니다. 귀촌을 선택하더라도 먹고살 수 있는 일거리가 있어야 한다. 시골에서 농사 외에 어떤 일거리를 찾을 수 있을 것인가.

대기업에서 퇴직한 서울 출신의 홍성규(가명·68) 씨는 "대학 친구 중 귀촌·귀농을 선택한 사람들이 5%가 채 안 된다"고 말했다. 수도권 신도시에서 사는 한 60대도 "회사 동료 중 귀농하는 사람은 거의 없고 요양이나 병 치료를 위해 귀촌하는 사람은 한두 명 있다"고 했다. 귀촌·귀농이 사회적 유행을 타고 있지만 막상 결단을 내리는 것은 녹록지 않음을 보여준다.

무턱대고 사지 말고 임대에서 시작하라

5년 전 경남으로 귀농한 이진수(가명·58) 씨는 예비 귀농인을 만날 때마다 농지 매입을 너무 서두르지 말라고 조언한다. 자신의 전철을 밟지 말라는 이유에서다. 그는 읍내 부동산중개업자로부터 논을 3.3㎡당 15만 원에 사들였다. 하지만 최근 비슷한 입지의 논이 10만~12만 원에 매물로 나온 것을 보고 깜짝 놀랐다. 한적한 시골에서는 논밭 시세에 큰 변동이 없다는 점, 거래 정보를 중개업자보다는 동네 이장이 쥐고 있다는 사실도 알았다. 이씨는 "일단 논밭을 빌려서 농사를 짓다가 싼 매물이 나오면 매입하는 게 훨씬 낫다"고 말했다.

적지 않은 사람들이 귀농을 시도하지만 쓰라린 실패를 맛본다. 시행착오를 줄이는 방법은 무조건 부동산 매입부터 시작해야 한다는 강박관념을 버리는 것이다. 부동산은 한번 사면 공산품처럼 반품이 되지 않는다. 서둘러 논밭을 매입하거나 집을 덜컥 짓지 말고 노는 땅이나 빈집을 빌려 써본 뒤 결정하는 게 현명하다. 철저히 준비를 한다고 하더라도 귀농에 성공한다는 보장이 없다. 실패에 따른 후유증을 최소화하기 위해서라도 일종의 완충장치를 둘 필요가 있다. 시골생활 적응에 실패해서 벗어나고 싶어도 이미 사들인 부동산의 매몰 비용에 대한 부담으로 진퇴양난에 빠질 수 있다. 그런 측면에서 함부로 유형자산에 선투자하는 것은 신중해야 한다는 얘기다. 내 것이 있어야 성공적인 귀농이 될 것이라는 선입관부터 버려라. 고추를 내 밭에 심으면 풍작이 되고, 남의 밭에 심으면 흉작이 되는 것은 아니다. 정성을 들이면 작황은 같을 게 아닌가.

생각만 너무 앞서면 탈이 나기 마련이다. 귀농을 실행하더라도 예행연습이 필요하다. 농사를 한 번도 지어보지 않은 사람이라면 스스로 농사 체질인지 체크하는 것도 중요하다. 가장 손쉬운 방법은 화분에서 채소를 가꾸는 일이다. 옥상에서 화분 5개로 고추나 상추부터 길러보라. 매일 아침, 화분에서 쑥쑥 자라는 채소를 보고 기쁨을 느꼈다면, 꾸준히 가꾸는 자신의 모습을 발견했다면 다음 단계를 밟아보라. 각 지자체가 운영하는 '주말농장' 에서 가족과 함께 채소를 심어 수확의 기쁨을 맛보는 것이다. 그다음은 교외의 텃밭을 빌려 지어보는 것이다. 텃밭도 30평이 넘어서면 소일거리가 아니라 노동이 된다. 농사를 더 지을 마음이 있으면 농지는 그다음에 매입하면 된다. 도시에 주소를 두고 있는 도시민도 주말·체험영농 목적으로 1,000㎡ 이하의 농지를 구입할 수 있고, 이 경우 비사업용 토지의 불이익에서 벗어나 일반 양도세율을 적용받는다. 그래서 농사는 '화분 경작 → 주말농장 이용 → 텃밭 가꾸기 → 본격 농사짓기' 등 단계별 확대 전략이 지혜롭지 않을까 싶다.

화이트칼라의 전원행 마지노선은 주말주택

귀촌에 관심이 있지만 선뜻 결정을 내리기 힘든 사람들이 많을 것이다. 이런 경우 작은 주말주택에서 시작해보라고 권하고 싶다. 경량목구조로 15~20평 규모의 주말주택을 지으면 건축비로 7,000만~1억 원이 든다. 땅값까지 포함하면 1억 5,000만~2억 원이면 충분하다. 주말주택은 말 그대로 평일에는 도시에서 살다가 주말에만 잠시 들러 쉬는 세컨드하우스다. 주말주택 활용하기는 요즘 새로운 주거 트렌드인 멀티해비테이션Multi-Habitation이다. 멀티해비테이션은 도시와 교외에 각각 집을 마련해 양쪽에 번갈아 거주하는 것을 말한다. 아마도 대도시 출신의 화이트칼라에게 전원행의 한계선은 주말주택이 아닐까 싶다. 도시생활을 정리해서 시골에 영구 정착을 하기보다는 도시와 농촌을 오가는 '이중 생활'을 하는 것이다. 전원생활에 적응한 정도, 취향에 따라 도농 간 거주 비중을 탄력적으로 조율하는 방식이다. 시골생활이 익숙해지면 농촌 체류 기간을 점차 늘리는 것이 좋을 것이다. 집 부근 텃밭에서 농사를 짓는 것은 개인의 선택이다.

시골생활에 익숙해지더라도 특별한 이유가 없는 한 도심의 아파트는 팔지 말고 전·월세를 놓아라. 나이가 더 들어 간병기가 되면 치료를 하기 위해 도심으로 회귀해야 하는 일이 생길 수 있어서다. 요즘은 아파트 전세가 비율이 높아 전세 임대 때는 아파트에 잠기는 금액이 많지 않다. 자금 여유가 된다면 월세로 돌려 노후 생활비로 쓰는 것도 좋을 것이다. 요컨대 몸은 전원으로 떠나더라도 집은 도심에 놔두라는 얘기다.

전원주택, 대세는 실속형

최근 충남 서천 근처로 귀촌한 차장수(가명·69) 씨는 허름한 농가주택을 사서 리모델링했다. 농가주택 구입에 9,000만 원, 리모델링에 6,000만 원 등 총 1억 5,000만 원이 들었다.

차씨가 농가주택을 선택한 것은 경제적인 전원생활을 하기 위해서다. 늘그막에 전원생활 집은 신분을 과시하는 별장 개념이 아니라 실용적인 주택이 되어야 한다는 생각이 들었다. 전원주택은 한번 지어놓으면 값어치가 떨어지고 나중에 되팔기가 어렵다는 점도 고려했다. 전원주택을 너무 크게 지어 후회하는 사람들을 많이 봤다는 점도 실속형을 선택한 또 다른 이유다. 차씨는 리모델링한 주택에 입주한 뒤 생활 만족도가 생각보다 높다고 했다. 요즘은 마감재·인테리어 기술이 좋아 농가주택을 리모델링해도 아파트 내부와 큰 차이를 느끼지 못한다는 것이다. 차씨는 "무엇보다 주변의 눈치가 아니라 자신의 처지에 맞게 전원생활용 주택을 마련하는 게 슬기로운 방법"이라고 조언했다.

성공적인 전원생활 정착을 위해서는 집을 잘 고르는 것도 중요한 일이다. 먼저 위치는 대도시에서 너무 멀어서는 곤란하다. 자녀의 왕래나 병원 치료 등을 고려해 대도시에서 승용차로 1시간 이내 거리가 적당하다. 저수지나 강, 계곡에서 너무 가까운 곳은 집터로 좋지 않다. 휴가철에 한두 번 놀러 오는 곳이라면 모를까, 상시 거주지로는 부적합할 수 있다.

시골의 텃세를 피하려면 되도록 집성촌을 피하는 것이 좋다. 외지인들이 섞여 있는 읍내나 면 소재지, 도시 출신들이 모여 사는 곳, 지자체에서 조성한 전원마을이 적응하기가 수월하다. 텃세를 피한다고 마을에서 동떨어진 외딴집을 짓는 것은 위험하다. 방범에 상대적으로 취약하기 때문이다. 시골문화를 받아들이고 이웃과 소통하려는 노력은 필수다. 시골에 살다 보면 겨울에 눈이 생각보다 많이 온다. 집터로는 눈이 쉽게 녹는 양지바른 남향이 좋다. 또 오래된 시골집은 무허가로 증·개축을 한 곳도 많으므로 건축물대장을 확인하여 불법 건축물 여부를 따져야 한다. 물을 확보하기 위해 지하수를 개발하려면 700만~800만 원이 든다. 이보다 마을에 일정한 기부금을 내고 수도를 끌어 쓰는 게 경제적이다.

집을 덜컥 짓고 후회하기보다는 먼저 임대해서 살아보는 것도 좋다. 귀촌을 하더라도 정착 초기에는 2년 정도 전세로 살아보는 것을 추천하고 싶다. 서울에서 가까운 양평이나 가평, 홍천 일대도 4,000만~7,000만 원이면 전원주택의 일부(가령 2층 전체 전세 조건)를 독채로 빌려 쓸 수 있다. 그래도 내 집으로 전원주택을 갖고 싶으면 직접 짓기보다 법원경매를 활용하는 것도 한 방법이다. 전원주택 입찰 경쟁률이 도심 아파트보다는 낮아 감정가의 70~80%에서 낙찰할 수 있어서다.

가사분담 계획서를 작성하라

시골에 살다 보면 생각보다 집안일에 손이 많이 간다. 대도시 아파트에서 살 때보다 가사노동에 더 많은 시간을 투입해야 한다는 뜻이다. 마당의 낙엽이나 눈을 직접 치워야 하고 가끔은 보일러나 지붕도 손봐야 한다. 아파트 관리사무소가 하는 일을 전원생활에선 개인이 각자 알아서 해결해야 한다. 대도시 아파트에서 살듯 전원생활을 하면 곤란하다. 한 설문조사 결과 은퇴 부부 중 집안일을 전혀 도와주지 않는 남편은 61%, 약간 도와주는 남편은 35%로 나타났다. 즉 전체 부부의 96%가 은퇴를 하더라도 부인이 주로 집안일을 하는 셈이다.[14] 남편 주도로 전원행을 추진하더라도 아내가 선뜻 응하지 않는 것도 이 때문이다. 전원생활은 남편이 집안일 대부분을 맡아서 하겠다는 의지가 없으면 필패한다. 집안일은 아내에게 맡기고 낚시, 등산이나 다니겠다는 생각은 애초부터 접어라. 당신은 평소 가만히 앉아 있으면 좀이 쑤시는 바지런한 스타일인가? 지친 몸을 이끌고 밤늦게 퇴근하더라도 설거지나 거실 청소를 마쳐야 잠을 청하는 사람인가? 그렇다면 전원생활에 매우 적합한 체질로 적응이 빠를 것이다. 하지만 '돈 잘 쓰고 잘 노는 사람'인 한량 스타일이라면 적응은커녕 부부싸움만 늘어날 것이다.

전원행을 결정하기 전에 배우자와 합의를 한 뒤 세부적인 가사분담계획서를 작성하고, 이행하지 않을 때는 처벌을 달게 받겠다는 내용의 각서도 써라. 이들 문서를 공증사무소에서 공증까지 마쳐라. 이런 확고한 실천 의지가 없는 한 전원행은 실패할 가능성이 크다. 차라리 주말에 콘도를 빌려 이용하거나 캠핑카를 사서 야영하는 게 나을 것이다.

머리가 희끗희끗한 당신, 아직도 귀촌·귀농을 꿈꾸는가. 마지막한 가지만 체크하자. 전원주택에서 살다가 부부 중 한쪽이 세상을 먼저 떠났을 때 적막함과 외로움을 어떻게 견뎌낼 것인가. 일상생활의 스트레스 강도를 측정해보니 배우자의 죽음(100)은 이혼(73)보다 심하고, 해고(47)의 2배 이상인 것으로 나타났다.[15] 거듭 강조하건대 절대고독을 즐기는 사람이라면 모를까, 그렇지 않다면 귀촌·귀농은 천천히, 실행하더라도 단계별 적응 과정을 거치는 것이 필요하다. 무엇보다 전원행은 시행착오를 줄이는 게 답이다.

실속 있는
맞춤형 전략을
짜라

주택 다운사이징 어떻게 할까

유행어는 시대상을 반영한다. 우리 사회에서 '푸어poor 시리즈'는 현재 진행형이다. 하우스 푸어, 렌트 푸어, 워킹 푸어, 에듀 푸어, 스펙 푸어, 실버 푸어…. 푸어 시리즈의 유행은 세상살이가 그만큼 팍팍하다는 방증이리라. 오죽하면 "우리는 올 푸어족"이라고 하소연하는 젊은 층도 있을까.

그런데 최근 푸어 시리즈의 새 버전을 접했다. 바로 '타임 푸어'다. '시간'과 '빈곤'을 결합한 용어다. 타임 푸어는 바쁜 일상에 여유시간이 없는 현대인의 빡빡한 삶을 대변한다. 사실 우리는 사냥꾼에게 쫓기는 사슴처럼 조바심과 불안감에 짓눌려 하루하루를 정신없이 산다. 이제는 바쁘게 사는 게 익숙해 한가함을 오히려 못 견딘다. 목표를 잡으면 하루라도 빨리 해치우려고 한다. 마치 속도전을 치르듯이 말이다. 하지만 노후 자산 재설계에서는 오히려 '천천히'가 미덕이다. 특히 노후의 주거 문제는 조급증보다는 여유를 갖고 자신의 상황에 알맞게 시작하는 것이 바람직한 것 같다. 요모조모 따져보지 않고 성급하게 움직이면 되돌리기가 어렵기 때문이다. 이른바 비가역성의 문제다.

나이 들면 집부터 줄이라고?

'나이가 들면 집을 줄이라는데….'

서울 마포구의 한 대형아파트에 사는 베이비부머 김형순(가명·56)씨는 요즘 노후의 삶에 대해 이런저런 상념에 잠길 때가 많다. 그 가운데 하나가 아파트 평수를 줄이는 문제다. 매스컴이나 은퇴 전문가들은 은퇴 준비 1순위가 주택 다운사이징이라는데, 지금부터 시작해야 하는 것 아닌가 궁금증이 커진다. 김씨는 내년 정년퇴직을 앞두고 있다. 하지만 김씨에게 집 규모 줄이기는 여전히 낯설다. 나이가 더 들어 두 자녀가 분가하면 모를까, 현 단계에서 주택 다운사이징은 시기상조가 아닌지 의구심이 든다.

김씨뿐만 아니라 주위 장·노년층의 얘기를 들어보면 주택 다운사이징에 대한 절실함이나 절박함은 크지 않은 것 같다. 일반적으로 주택 다운사이징은 소유하고 있는 주택의 가격을 낮추고 규모를 줄이거나 아예 집을 팔아 임대로 옮기는 것을 말한다. 주로 재무 설계

연구들은 생애주기설을 근거로 주택 조기 다운사이징의 필요성을 제기한다. 생애주기설은 젊은 시절에는 주택자산을 늘리지만 노년에는 이렇다 할 소득이 없어 그동안 모아놓은 금융자산이나 주택자산을 처분해 소비해야 한다는 것이다. "아파트 평수만 줄이면 1억 원의 노후 생활자금을 만들 수 있는데 왜 망설이느냐"는 식이다. 나이 들어 너무 큰 집은 짐이 되니 더 늦기 전에 주택 다운사이징을 해야 한다는 논리다. 충분히 일리가 있는 말이다.

그러나 이런 접근은 집을 단순히 보유 자산으로 간주하고 현금흐름 창출의 수단이 될 수 있다는 점은 무시한 측면이 없지 않다. 금융적인 시각으로 보면 부동산은 대체로 비합리적인 자산, 금융자산을 보완하는 하위자산일 뿐이다.

부동산학 계통 연구들은 아직 일치된 견해가 없긴 하지만, 주택 다운사이징이 생각보다 늦다는 쪽의 연구들이 많이 나온다. 주택 소유에 대한 집착, 자녀에게 상속 의지 등이 강한 현실에서 주택 다운사이징을 하기 위해서는 '큰 결심'이 필요하기 때문일 것이다. 배우자의 죽음이나 이혼 등 신변에 큰 변화가 일어나지 않는 한 주택 다운사이징을 빨리 시도할 가능성이 크지 않다는 점도 현실적인 이유다. 절박한 상황에 부딪히지 않는 한 현 상태를 유지하려는 성향이 강하기 때문이다. 심지어 우리나라에서 고령화에 따른 주거면적의 감소 현상은 만 79세까지는 발견되지 않는다는 연구 결과까지 있다.[1] 특히 50대 중반~60대 초반 은퇴 시점을 전후로 주거 면적이 급격히 감소하지 않는다는 분석이다. 또한 은퇴 이후에도 자신의 주택을 구매하려는 수요가 계속 생기고, 주택을 처분하고 임대로 전환한 사람보다 새로 주택을 구입한 사람들이 더 많다는 것이다. 실제로 요즘 60대 이상이 아파트를 사들이면서 아파트시장에서 강자로 부상하고 있을 정도다.[2]

이런 부동산학 연구를 고려할 때 나이 들어 집의 크기를 줄이는 것은 맞지만 퇴직을 전후해 서둘러 축소하라는 논리는 현실에서 잘 먹히지 않는다. 정년퇴직과 경제적 은퇴는 다르다. 즉 정년퇴직을 한다고 하더라도 한동안은 경제적 활동을 통해 돈을 벌어들이는 경우가 많다. 소득이 발생하는 사람까지 집을 빨리 줄이지 않으면 큰일이 날 것처럼 호들갑을 떨 필요는 없다. 그런 점에서 개인적으로도 부동산학 쪽 연구가 타당성이 있지 않을까 생각된다. 그러나 내 방식만 옳다고 주장하지 말자. 세상 살아가는 방식이 그렇듯이 주택 다운사이징도 획일화된 답은 없다. 사람마다 제각각이다. 그래서 막연한 총론보다는 실천 가능한 각론이 필요한 시점이다.

각개전투형 액션플랜

각개전투는 병사 개개인이 지형지물을 잘 활용해 스스로 전장에서 살아남아야 하는 전투다. 주택 다운사이징에서도 각개전투가 필요하다. 보유하고 있는 집의 크기나 자신이 처한 자금 사정에 따라 맞춤형 재설계가 필요하다는 얘기다.

우선 주택 다운사이징의 대상인 대형아파트의 경우 중대형과 초대형을 구분해야 한다는 점이다. '감당하지 못할 큰 집'과 '그럭저럭 살 만한 큰 집'은 서로 달리 접근하라는 얘기다. 가령 60평형대 이상의 초대형아파트나 빌라는 가족 수가 줄어드는 만큼 평수를 줄이는 게 바람직하다. 60평형대를 넘어서면 일반적인 주택시장보다는 특수한 '그들만의 리그'에 가깝다. 인구구조가 1~2인 가구 중심으로 변하면서 초대형은 수요가 제한적이므로 가급적 처분하는 것이 좋을 것이다. 부부만 살면서 초대형아파트에 사는 것은 공간적으로도 효율적이지 않다. 중국 풍수 고전《황제택경》도 집은 큰데 사람이 적으면 흉하다고 했다. 나이 들어서는 집안의 넓은 공간을 일일이 청소하고 관리하기란 여간 힘든 일이 아니다. 사람이 주인이 아니라 집이 주인이 되는 꼴이다. 잠시라도 청소를 소홀히 하면 먼지가 쌓여 위생적으로도 문제가 생길 수 있다. 빈 공간이 지나치게 많으면 노년에 외로움이 커지는 등 정서적으로도 좋지 않다. 자녀를 모두 분가시키고 분당신도시 80평형대 아파트에서 남편과 단둘이 사는 60대 주부는 "아파트 평수가 너무 넓다 보니 혼자 있을 때는 무섭다는 생각이 들더라"고 털어놨다. 결국 이들 부부는 집을 처분하고 규모를 줄여 이사했다.

하지만 40~50평형대는 같은 대형아파트에 속하지만 접근법이 다르다. 이들 중대형아파트는 범용상품이다. 고소득층의 수요가 많은 부유층 단지이거나 주변에 중대형 공급이 많지 않다면 서둘러 팔지 않아도 될 것 같다. 요즘 중대형은 중소형과의 가격 차이도 크지 않아 매각을 해도 실익이 없다. 다만 주변에 중대형 공급이 많고 수요가 제한적인 외곽 지역이라면 사정이 달라진다. 40~50평형대도 과감하게 매각해서 중소형으로 갈아타는 것이 바람직하다.

그러나 재건축을 추진하고 있는 중대형아파트는 굳이 서둘러 매각할 필요가 없다. '1+1 재건축'을 기대할 수 있기 때문이다. 이는 중대형 1가구를 보유한 조합원이 재건축 때 새 아파트 2채를 받을 수 있도록 한 제도다. 큰 집을 나눠 작은 집 2채를 받아서 1채는 자신이 살고 1채는 임대를 놓을 수 있다. 요즘 아파트는 전용면적 60㎡(18평, 분양 평수 25평형)도 발코니 확장과 안목치수 적용에 따른 '넓은 집 효과'로 노후 부부가 쓰기에 부족함이 없다. 잘만 활용하면 중대형아파트도 노후의 거주 겸 현금흐름 창출 수단으로 탈바꿈할 수 있는 셈이다.

다만 1+1 재건축을 선택하면 2채를 보유하게 되어 종합부동산세와 양도소득세 부담이 무거울 수 있다는 점은 고려해야 한다. 2주택자는 2채를 합산한 공시 가격이 6억 원을 넘어서면 종부세 대상(1주택자는 9억 원)이 된다. 먼저 파는 1채에 대해서는 1가구 1주택자에게 주어지는 양도세 비과세 혜택(시가 9억 원 이하)도 받을 수 없다. 따라서 향후 처분계획과 세금 등 실익을 따져 1+1 재건축을 선택할지 말지를 판단하는 게 좋다.

또 소득이나 자금 사정, 자녀들의 분가 여부에 따라 주택 다운사이징 계획은 달라진다. 일반적으로 높은 소득과 자산이 있다면 굳이 다운사이징의 필요성을 느끼지 못한다. 그러나 대형아파트에 살면서 관리비와 재산세가 부담스럽다면 시기에 관계없이 조기 매각이 좋다. 나이 들어 자신의 소득 수준을 넘어서는 주택 과소비는 금물이므로 알뜰 소비가 권장된다. 다만 요즘에는 자녀들의 결혼이 늦어지고 결혼 후에도 부모와 함께 사는 '신新 캥거루족'이 늘고 있다. 이런 경우에 해당한다면 주택 다운사이징은 지금 당장이 아닌 추후에 고려해볼 문제다.

그리고 집 크기 줄이기와 부동산 비중 줄이기는 다른 문제다. 즉 노후 들어 이렇다 할 소득이 없다면 큰 아파트를 팔아 작은 아파트를 여러 채 매입해서 월세를 받을 수 있다. 혹은 안정적인 월세가 나오는 다세대·다가구주택 매입자금으로도 활용할 수 있다.

하지만 나이가 더 들어 거동이 불편할 때는 본격 부동산 다이어트를 시작해야 한다. 세입자와 부딪치며 부동산을 관리한다는 것은 젊은이도 벅찬 일이다. 따라서 거주하는 집 이외에는 부동산을 단계적으로 처분, 즉시연금에 가입하거나 노후 생활자금으로 활용하는 게 좋다. 그 시기는 개인에 따라 다르나 75세 이후가 되지 않을까 생각된다. 하지만 그 이전에는 부동산은 무조건 '처분의 대상'이 아니라 현금흐름을 만들어내는 '활용의 대상'으로 삼는 게 좋다.

반드시 배우자와 합의하고 실행하라

경기도 일산신도시 50평형대에 사는 박경수(가명·59) 씨는 아파트 평수 줄이는 방안을 놓고 아내와 신경전을 벌이고 있다. 박씨는 인근 아파트 25평형 정도로 옮기고 싶다. 하지만 아내는 좁은 공간이 너무 답답하다며 평수 줄이기 말만 꺼내도 불편한 심기를 드러낸다. 평수를 줄이면 수납 공간이 줄어들어 살림하기가 불편하고, 명절 때 자식과 손주들이 자고 갈 방도 있어야 하지 않겠느냐는 것이다. 박씨는 "아내의 반대가 심해 주택 다운사이징 문제는 시간을 두고 결정해야 할 것 같다"고 말했다.

집 규모를 줄일 때는 배우자와 합의가 필수적이다. 어느 한쪽에서 집 줄이기에 거부감을 갖고 있는 경우가 적지 않아서다. 일반적으로 노인들의 생활 공간에는 수납장과 창고들이 필요하다. 가구나 살림, 젊음의 추억을 간직한 물건 등을 지니고 있기 때문이다. 여기에 집 평수를 사회적 지위로 생각하는 통념, 집 크기를 갑자기 줄일 때의 심리적 위축으로 주택 다운사이징을 꺼리는 사람들도 많다. 실제로 한 조사에서는 2010년 이사한 60세 이상 가구의 경우 주택 규모를 줄이는 경우보다 늘리는 경우가 더 많았다.[3] 또 일본 단카이 세대에게 현재 살고 있는 집에서 가장 큰 불만이 무엇이냐고 물었더니 '좁은 면적'이라고 답했다.[4] 주택 다운사이징은 너무 서둘러서 생기는 문제가 늦어져서 생기는 문제보다 훨씬 심각하다. 그러니 한 박자 늦춘다는 생각으로 집 줄이기에 나서는 것이 좋을 것이다.

이쯤에서 한 가지 팁. 아파트 다운사이징을 하려면 아예 미련 없이 살던 곳을 떠나라. 가령 같은 아파트 단지에서 대형에서 소형으로 옮겨 타려면 주위에 신경 쓰이는 일이 많다. 이사 사실을 알게 된

부녀회 회원들로부터 "집안 사정이 갑자기 어려워졌느냐", "남편과의 사이에 무슨 일이 생겼느냐" 같은 각종 질문 공세에 시달릴 것이다. 괜히 주눅이 들고 이웃들의 눈치나 참견에 시달릴 수 있으니 아예 멀리 이사를 가라는 것이다.

주택연금, 조기 가입이 유리할까

주택연금은 만 60세 이상(주택 소유자 또는 배우자)의 고령자가 집을 담보로 맡기고 자신의 집에서 살면서 연금을 받는 구조다. 주택연금은 주택이라는 고정자산을 현금흐름으로 만들어내는 훌륭한 상품이다. 더욱이 주택연금 월 지급금은 연금소득으로 분류하지 않는데다 가입조건도 많이 완화되어 고령자에게 매력적인 노후 대비책인 것은 분명하다. 실제로 노벨 경제학상 수상자인 미국 MIT의 로버트 머튼Robert Merton 교수는 "한국의 주택연금은 은퇴자들에게 축복"이라고 극찬하기도 했다.[5] 그렇지만 모든 상품에는 장단점이 있는 법이다.

우선 주택연금에는 향후 물가 상승분이 반영되지 않는다. 일반적으로 국민연금이나 공무원연금 등은 물가가 상승한 만큼 매달 타는 연금액도 늘어난다. 하지만 주택연금은 개인연금과 마찬가지로 처음 가입했을 때 연금액이 변동하지 않고 그대로 지급된다. 이는 향후 물가 상승에 따른 자산가치 변화를 미리 반영해 주택연금을 설계하기 때문이다. 따라서 물가 상승을 고려한 실질 연금 수령액은 해가 갈수록 떨어질 것이다. 극단적으로 60세에 주택연금만으로 노후 설계를 했다면 90세에는 구매력이 떨어져 생활고를 겪을 수 있다. 주택연금은 빨리 가입하는 게 유리하다고 해도, 60세부터 인생의 최후 보루인 주택자산을 허물어 쓰는 것은 아닌 것 같다. 신체적인 수명이 늘어나는 만큼 자산의 수명도 늘리는 게 좋을 것이다.[6] 주택연금은 경제적 활동이 더는 힘든 인생의 늘그막에 최후의 방편으로 사용하는 게 좋지 않을까. 개인마다 다를 수 있으나 주택연금 가입 시기는 70세 이후가 좋을 것 같다(실제로 주택연금 출시 후 가입자의 평균 연령은 71.9세다). 늦게 가입하면 기대수명이 줄어든 만큼 연금 액수도 늘어나고 물가 상승에 따른 구매력 상실 문제도 완화할 수 있어서다.

또 여러 가구가 모여 사는 다가구주택은 주택연금 가입이 사실상 어렵다. 주택연금을 받기 위해 담보로 잡힌 주택은 보증금을 받고 전세나 월세로 주는 것은 불가능하다. 보증금이 있으면 나중에 채권을 회수할 수 있는 금액이 줄어들 수 있어서다. 다가구주택은 집주인이 일부 거주하고 나머지를 세 들이는 경우가 많다. 보증금이 없는 다가구주택은 외국인 렌트 등 일부를 제외하고는 대부분 보증금이 있으므로 주택연금 가입 대상이 되기 힘들다. 또 상가주택(점포겸용주택)은 주택부문 연면적이 전체 연면적의 절반을 넘어서야 주택연금에 가입할 수 있다.

이와 함께 주택연금은 표준화·규격화된 주택인 아파트 보유자에게 유리한 구조라는 점도 염두에 둬야 한다. 단독주택은 아파트 대비 감정평가 금액이 낮아 연금 수령액이 기대보다 낮을 수 있다 (주택연금에 가입하는 주택의 유형은 아파트가 84%로 가장 많다). 단독주택 보유자들은 주택연금에 맡기기보다 다가구·다세대주택으로 신축해서 월세를 받는 게 더 나을 수 있다. 신축 비용이 없다면 정부의 '집주인 리모델링 사업'을 활용해보는 것도 좋다. 이 사업은 노후주택을 소유한 고령자가 기존 집을 허물고 1인 주거형 다가구주택으로 신축 후 시세보다 낮게 임대하는 조건으로 정부가 저리로 융자해주는 사업이다. 집주인 입장에서는 낡은 집도 고치고 월세도 받는 두 가지 이득이 있는 셈이다.

마지막으로 주택연금에 가입하기 위해서는 가족 간의 사전 협의가 있어야 한다. 주변 사람들을 둘러보면 주택연금 가입을 권유하는 자식은 아들보다는 딸이 많았다. "주택연금에 가입했더니 아들이 다음 날부터 부모 집을 찾지 않더라"라는 말은 농담이 아니라 무시 못 할 현실이다. 다행히 최근 들어 집은 자식에게 물려줄 재산이 아니라 부모의 노후보장용 밑천으로 생각하는 경향이 강해지고 있다. 하지만 미리 자녀에게 계획을 통보하고, 가족회의도 거쳐 주택연금이 가족 갈등의 불씨가 되지 않도록 차단하는 슬기가 필요하다.

요컨대 주택연금은 노후 안온한 삶의 유일한 방법이 아니라 하나의 방편이라는 점을 명심해야 한다. 모든 상품에는 장단점이 있으므로 꼼꼼히 따진 뒤 가입하는 지혜가 필요하다.

사는 집과 살고 싶은 집의 괴리,
해법을 찾아라

"나는 스스로 살 집은 주택이든 아파트든 가능하면 사라고 권한다. 상승하는 집세와 집주인으로부터 자유로워질 수 있기 때문이다."

전설적인 투자자 앙드레 코스톨라니Andre Kostolany는 집의 가치를 이같이 말한다. 주식 전문가인 그가 부동산을 폄훼하지 않고 친화적인 생각을 갖고 있었다는 게 뜻밖이다. 그는 프랑스 파리에 2채의 아파트, 또 한 곳에 별장, 헝가리 부다페스트에 집 1채를 보유했다. 그는 파리에 있는 아파트 1채만 세를 놓고 나머지 3채는 돌아가면서 살았다.[7] 코스톨라니는 집 부자였다. 요즘 말로 표현하면 거주용 주택과 투자용 주택, 전원주택(별장)을 두루 보유한 셈이다.

하지만 그는 갑부라 보유한 집이 많으니 필요에 따라 골라 이용하면 되지만 자금 사정이 빠한 일반인은 그림의 떡이다. 대체로 일반인들은 사는 집 1채가 고작이다. 사는 집과 살고 싶거나 갖고 싶은 집을 놓고 현명한 선택이 필요하다. 현명하게 선택한다는 것은 역으로 현명하게 포기하는 것이다. 포기하면 몸도 마음도 편하다.

전원인가, 도심인가

'조지장식 필택기림鳥之將息, 必擇其林'이라는 옛말이 있다. 새조차 쉬려할 때는 반드시 숲을 고른다는 말이다. 미물인 새도 쉬는 곳을 가리는데, 만물의 영장이라는 인간은 오죽하랴. 노후 들어 주거지 선택은 중차대한 문제다. 유럽에서는 "은퇴 설계는 집에서 시작해서 집에서 끝난다"고 할 정도로 주거계획은 노후 설계의 핵심이다.[8] 은퇴를 하거나 나이가 들면 생활 범위가 집을 중심으로 형성된다. 흔히 70대는 70%, 80대는 80%의 삶이 주거지를 중심으로 이뤄진다는 말이 있다.[9] 그렇다면 노후의 삶은 전원이 좋을까, 도심이 좋을까.

서울 목동 아파트에 사는 이진국(가명·59) 씨. 은퇴 후 미세먼지 없는, 공기 좋고 조용한 강원도 일대에 전원주택을 짓고 살고 싶지만 막상 결단을 내리지 못하고 있다. 최근 그는 전원주택 부지를 고르기 위해 홍천과 춘천 일대를 다녀왔다. 하지만 쾌적한 환경만 보고 탈서울을 감행하는 게 옳은지 회의감이 생긴다. '평생을 대도시에서 부대낀 내가 한적한 시골생활에 적응할 수 있을까.' '혹시 나 자신이 이미 도시생활의 편리성에 중독돼 있는 게 아닐까.' 더욱이 아내의 시큰둥한 반응도 이씨의 고민이 깊어지게 하는 또 다른 이유다. 아파트 부녀회 간부로 활동하고 있는 사교적인 성격의 아내는 목동에서 벗어나는 것을 싫어하는 눈치다. 이씨는 "전원행은 내 행복을 위해 아내의 행복을 빼앗는 게 아닌지 걱정이 된다"고 말했다.

이씨처럼 누구나 바쁜 도심을 떠나 평온한 전원의 삶을 즐기고 싶지만 많은 사람이 냉엄한 현실 앞에 갈등이 깊어진다. 설문조사를 하면 나이 들어 전원생활을 하겠다는 응답이 높게 나타난다. 실제로 한 연구자가 1,000명을 대상으로 설문조사를 했더니 10명 중 6명이 '시골 또는 교외에서 전원생활을 하고 싶다'고 대답했다.[10] 하지만 언덕 위의 하얀 집에 살기 위해 막상 행동으로 옮기는 사람은 많지 않다.

연애와 결혼생활이 다르듯이 꿈과 현실은 엄연히 다르다. 전원 거주 의향이 높게 나타나는 것은 답답한 현실의 탈출구로서 전원생활이 자리 잡고 있기 때문이 아닐까. 즉 전원생활의 꿈은 정글 같은 무한 경쟁에서 벗어나 인간다운 삶을 누리고 싶은 욕구, 콘크리트 도시에서 탈출해 풀벌레 소리 나는 목가적인 생활을 그리는 원초적인 소망들이 함축되어 있다는 얘기다. 다시 말해 삶의 여유를 상징하는 전원생활은 인생의 로망이자 현대판 무릉도원 찾기인지 모른다. 전원생활을 하겠다는 설문조사의 응답이 실제 행동으로 이어지지 않는다는 점을 볼 때 전원의 꿈은 과대계상되어 있는 셈이다.

현재 베이비부머는 이미 도시의 라이프스타일에 익숙해져 있는 데다 앞으로 병원을 자주 이용해야 하는 연령 특성상 전원행이 많지 않을 것으로 보인다. 은퇴가 늦어지면서 일자리를 쉽게 구할 수 있는 도심을 빠져나가기 어렵다는 분석도 없지 않다. 오히려 수도권이나 교외 지역을 선택하는 비율은 은퇴 이후 연령 집단이 아니라 35~44세 집단에서 가장 높게 나타난다.[11] 실제로 주위를 보면 젊은층의 전원행은 자녀들의 아토피 치유나 대안학교 교육 등의 목적이 많다.

　도심과 전원의 중간이라는 절충 방안을 찾는 것도 현실적인 대안이 될 것 같다. 예컨대 대도시 안의 전원마을이나 전원형 아파트, 혹은 대도시 인근의 신도시에 기주지를 선택하는 방법이다. 이런 곳은 기반시설이 잘 갖춰져 불편함이 없는 데다 거주지 이동에 따른 문화적 충격이 덜하기 때문이다. 이런 곳은 태어나 한 번도 대도시를 벗어나 살아본 경험이 없는 사람들에게 권하고 싶은 현실적인 노후 거주지가 아닐까 싶다.

편의인가, 임대수익인가

"아파트가 좋아요, 단독주택이 좋아요?"
몇 년 전 공중파 TV의 교양 프로그램에 출연했을 때 서울에 산다는 30대 여성 방청객이 대뜸 이런 질문을 했다. 추상적인 질문에는 대답도 추상적이게 된다. "자신이 행복을 느끼는 곳으로 가세요." 집은 투자재 성격의 하우스house보다 인간이 태어나 행복을 누려야 할 삶의 안식처 차원인 홈home이 우선이다. 집은 사고파는 대상 이전에 내가 느끼는 삶의 행복이 먼저라는 얘기다.

그렇다면 아파트에서 사는 게 행복할까, 아니면 단독주택에서 사는 게 행복할까. 주위 지인들에게 물어보면 단독주택이라고 답하는 사람들이 많다. 내 집 마당에서 땅을 밟고 계절의 변화를 느끼며 사는 기쁨은 클 것이다. 정원이 딸린 단독주택은 삭막한 대도시 콘크리트 속에서 그나마 사람다운 삶을 누릴 수 있는 최소 공간이다. 문제는 대도시에서는 우리가 꿈꾸는 단독주택은 찾아보기 힘들다는 점이다. 임대수익용 주택을 짓기 위해 곳곳의 저층 단독주택을 허물어서다. 정원이 딸린 단독주택을 찾으려면 아예 교외로 나가야 하고, 도심에서 사려면 만만치 않은 목돈이 있어야 한다. 서울 같은 대도시에서 진정한 의미의 단독주택에서 살고 싶은 꿈을 이루는 건 소수의 부자들뿐이다. 일반적으로 대도시에서 단독주택을 산다는 것은 대지 30~80평 규모의 다가구주택(좀 넓게 보면 다세대주택)을 구입하는 것이라고 봐야 한다. 좁은 골목에 주차할 공간조차 없이 다닥다닥 붙여 높다랗게 지은 삭막한 주택이 요즘 다가구주택의 현주소다. 난개발이 많은 만큼 대체로 주거 환경이 열악할 뿐 아니라 살기에도 불편하다. 다가구주택은 주로 장·노년층이 1개 층은 자신이 살고 나머지 층은 임대를 받으려는 목적으로 구입한다. 도심에서는 일반적으로 단독주택이 갖고 있는 쾌적성 이미지와는 사뭇 다른 것이다. 대도시의 단독주택은 쾌적함과 편리함을 포기한 대가로 월세를 받는 임대수익 상품이 되어버렸다.

이런 상황에서 아직 모은 돈이 많지 않고 한창 일할 나잇대인 30대 서울 여성이 단독주택을 살까, 아파트를 살까 수평 비교한다는 것은 매우 비현실적이다. 대도시에서 아파트와 단독주택은 서로 목적이 다른 이질적인 상품이다. 나이 들어서도 대도시에 계속 거주할 경우 수익과 편리함이라는 두 마리 토끼를 다 쫓을 수 없으니 하나를 선택해야 한다.

아파트 층수의 건강학

아파트를 고를 때 '남향 로열층'을 많이 따진다. 남향은 햇볕이 잘 들어 겨울에는 따뜻하고 여름에는 시원하다. 풍수에서도 '남향동문 南向東門'으로 배치된 주택은 길한 집으로 본다. 남향에 대한 애착은 서울과 같은 대도시보다는 지방으로 갈수록 강하다. 요즘은 난방이 잘돼 있어 과거보다는 남향 선호가 강하지 않지만 프리미엄은 계속될 것이다. 정남향이 아니더라도 동남향, 서남향도 노후에 살기에는 무난한 것 같다.

최근 들어 아파트 로열층 기준은 조망권이 중시되면서 위로 올라가는 추세다. 심지어 과거에는 겨울에는 춥고 여름에는 덥다는 이유로 기피했던 꼭대기 층이 로열층 대우를 받을 정도다. 하지만 나이 들어서는 너무 높은 층은 건강상 좋지 않은 것 같다. 어르신들은 땅의 기운을 느끼며 사는 게 좋다고 했다. 지기地氣가 머무르는 범위는 나무가 자라는 높이까지라는 점은 풍수학자들이 대체로 공감한다. 준공한 지 40년이 지난 서울 여의도 한 아파트 단지에 가보니 '키다리나무' 메타세쿼이아가 지상 10층까지 자라 있었다. 10층까지는 지기가 닿는다는 뜻 아닌가. 메타세쿼이아는 원산지에서 35m까지 자란다고 하니 극단적으로 아파트 15층까지 지기가 올라오는 셈이다. 하지만 한 풍수학자는 "층수가 올라갈수록 땅 기운이 약해진다"고 말했다.

매연이 심한 대도시에서는 층수가 너무 낮아도 좋지 않다. 매연과 먼지는 공기보다 무거워 새벽이면 땅으로 가라앉는다. 폐가 좋지 않은 고령자라면 특히 교통량이 많은 대로변 아파트 가운데 너무 낮은 층은 피하는 게 좋다. 높다란 건물이 앞을 가려 답답하거나 햇볕이 잘 들지 않는 곳도 피해야 한다. 개인적으로 나이 들어 사는 아파트는 남향에 5~8층이 적당하지 않을까 싶다.

세 들어 살까, 내 집에 살까

"이 나이에 세입자가 되기는 싫습니다. (집을 파는 것은) 최후의 수단이니까요."

프랑스 영화 〈아버지의 초상〉에서 주인공 티에리는 집에 대한 애착이 남다르다. 회사의 구조조정으로 부당하게 해고당한 이후 한순간 실업자 처지가 된 티에리. 재취업을 위해 고군분투하지만 집만은 팔고 싶지 않다. 재무상담을 하는 여성은 보유하고 있는 아파트를 팔고 저렴한 임대주택으로 옮길 것을 권유한다. 아파트를 팔면 대출금을 갚고 여유자금도 마련할 수 있다는 이유에서다. 티에리는 "지금 아파트를 팔면 다시는 못 살 것이고, 다시 세입자가 되어야 하는데 그 방법은 생각하기 싫다"고 제의를 거부한다. 그는 고생 끝에 대형마트의 보안요원으로 재취업에 성공한다. 티에리의 판단이 옳든 그르든 상관없이 집에 대한 애착이 프랑스 사람이나 한국 사람이나 비슷하지 않을까 하는 생각이다. 특히 나이 들어서는 말이다.

혹시 노후에 세 들어 살까, 내 집에 살까 고민하는 사람들이 있는가? 벼랑 끝으로 몰린 상황이 아닌 한, 이 문제는 처음부터 고민할 게 없다. 나이 들어서는 특별한 이유가 없는 한 내 집은 있는 게 좋지 않을까. 내가 원시 시대에 동굴에서 살고 있다고 상상하면 답은 더욱 간단하다. 남의 동굴을 빌려 쓰는 것과 내 동굴에서 사는 삶의 가치는 다를 것이다. 잠시 빌려 쓰더라도 되돌아갈 내 집이 있으면 심리적 위축과 불안이 덜하다. 호주머니가 두둑하면 밥을 안 먹어도 배가 고프지 않은 법이다. 늘그막에 집 없이 떠돌이살이를 해본 세입자만이 무주택의 설움을 안다. 젊었을 때는 집 없이 떠돌아도 견딜 만하다. 하지만 나이 들어 집은 재산적 가치를 떠나 자식보다 더 든든한 삶의 언덕으로서 정서적 가치를 지닌다. 자신의 은신처 없이 안온한 노후는 없다. '하우스'로서 집은 선택이지만 '홈'으로서 집은 필수다. 하우스와 홈을 반드시 구분하자.

투자와 거주의 분리도 대안

은퇴 후 서울 강남권의 33평형 아파트에 살던 김병진(가명·64) 씨는 최근 수도권에 작은 새 아파트 전세를 구해 이사 왔다. 이렇다 할 근로소득이 없는 은퇴자가 굳이 비싼 아파트를 깔고 사는 것은 사치라는 생각이 들어서다. 대신 강남의 아파트는 팔지 않고 반전세로 임대를 줬다. 현재 세 살고 있는 아파트는 산자락 아래 있는 곳으로 아침저녁으로 산책하기 좋아 만족하고 있다. 김씨는 "임대수익으로 생활비를 일부 충당할 수 있어 집 옮기기를 잘한 것 같다"고 말했다.

김씨처럼 '저렴한 곳에 거주하면서 인기 지역에 세놓기'는 집을 통한 노후 설계의 한 방편이다. 주거비도 아끼고 임대소득도 챙기는 일석이조 전략이다. 이처럼 노후에 거주와 투자를 분리하는 방법은 나름대로 괜찮은 대안이다. 다만 거주지는 내 취향대로 선택하더라도 투자는 임대 놓기가 수월한 곳이 되어야 할 것이다. 전원행을 결심하더라도 도심의 부동산은 두고 가라고 주문하는 것도 이 때문이다. 임대가 잘 나가는 곳은 젊은이들의 통근이 수월한 직주근접형(직장과 주거가 가까움) 도심과 역세권이다. 우리나라는 경제협력개발기구OECD 국가 중 연평균 노동시간이 길기로 유명하다. 한국 특유의 야근문화 때문인 것 같다. 오죽하면 서울의 화려한 야경은 샐러리맨들의 고혈을 짜서 밝히는 불빛이라는 말이 있을까. 아직도 '저녁이 없는 삶'을 사는 대부분의 샐러리맨에게는 집 가까운 게 최대 복지다. 이러다 보니 결국 주거지도 어쩔 수 없이 도심에서 구하는 것이다. 은퇴 후에는 공기 나쁜 곳은 임대를 놓고, 공기 좋은 곳에서 살아라. 젊은이들 대상으로 임대사업을 하려면 공기 나쁜 도심으로 와야 한다.

임대수요가 많은 도심 부동산은 보유가치가 있으니 특별한 경우가 아니고서는 매각은 금물이다. 또 전원에서 너무 비싼 집이 아니라면 주거의 안정성 차원에서 매입해도 좋지만 여의치 않으면 전세로 살아도 된다. 이처럼 투자와 거주의 분리는 아직도 전원과 도심을 고민하는 햄릿형 은퇴자들에게는 절충 방안이 아닐까 싶다.

03

주택 임대, 감정노동의
힘겨움 알아야 실패 없다

2009년 일본 서점가에서는 《도쿄에 중고 원룸 3채를 가져라》라는 책이 나와 관심을 끌었다. 노후 불안을 덜기 위한 비노동소득의 확보 수단으로 원룸 투자를 다룬 책이다. 도쿄는 교외에 비해 임대수요가 많아서, 중고는 가성비가 높아서, 원룸은 소액으로 투자할 수 있다는 이유에서다. 부동산 불패 신화가 붕괴된 일본에서 주택이 노후의 '머니 파이프 라인'으로서 역할을 할 수 있다고 생각한다는 점은 흥미로운 일이다. 일본 특파원 출신의 지인은 "요즘도 도쿄 중심부의 초역세권 소형아파트나 상가들은 월세 수입이 짭짤해 인기가 높다"고 했다.

대체로 일본이나 유럽 등 선진국에서 샐러리맨의 월세 부담은 급여의 20~30% 선이다. 얄팍한 월급의 샐러리맨에게는 한마디로 고통이다. 하지만 경제는 양면이다. 집을 임대해 월세를 받는 은퇴자에게는 든든한 노후 방편이 된다. 집 1채당 샐러리맨 급여의 30%를 받는다고 가정하면 극단적으로 집 3채면 평생 현역이 될 수 있다는 얘기가 아닌가. 물론 세금과 관리 부담을 고려하면 실제 받는 금액은 줄어들 수 있을 것이다.

얼마 전 금융기관을 퇴직한 지인은 "평생 샐러리맨으로 살다가 은퇴 후 할 수 있는 만만한 사업은 주택 임대사업뿐이더라"고 털어놨다. 은퇴 후 치킨이나 피자가게를 차리고 싶어도 목돈이 들어가는 데다 실패할 가능성이 커 선뜻 결단을 내리기 쉽지 않다는 것이다. 그는 "임대사업은 망하기 쉽지 않은 데다 설사 망하더라도 집은 남지 않느냐"고 했다. 그래서 '다세대주택이나 다가구주택의 맨 위층에 살면서 월세 받기'가 은퇴를 앞둔 샐러리맨의 로망인 것은 나름대로 이유가 있는 셈이다. 쉽게 시작할 수 있고 수익도 쏠쏠하다면 누가 마다하겠는가. 부동산시장에는 '일주 이토 삼상一住 二土 三商'이라는 말이 있다.[12] 투자를 할 때 비교적 손쉬운 주택, 토지, 상가 순으로 하라는 것이다.

실제로 집은 삶의 안식처로 항상 거주하는 공간이니 누구에게나 친숙하다. 이러다 보니 전문지식 없는 사람도 노후 대비로 주택 임대를 떠올리고 실제 행동으로 옮긴다. 하지만 주택, 특히 다가구ㆍ다세대주택 임대를 하는 사람들의 얘기를 들어보면 생각보다 녹록지 않은 것 같다.

세입자 관리도 감정노동이다

부산에서 다세대주택 2채를 임대사업하는 은퇴자 송재민(가명·62) 씨는 요즘 세입자 문제로 머리가 지끈거린다. 세입자 대부분이 제때 월세를 내줘 고맙긴 하지만 한두 사람은 꼭 애를 먹인다. 4층의 원룸에 사는 세입자는 그중에서 가장 골치다. 최근 법원으로부터 이 세입자의 월세 보증금 2,000만 원에 가압류가 설정돼 있다는 통지를 받았다. 이 상황에서 보증금은 세입자가 아닌 가압류 채권자에게 줘야 한다. 이미 세입자는 8개월 이상 월세를 연체해 보증금을 거의 다 까먹은 상황인데, 2개월 후 계약 만기가 지나도 방을 비우지 않을 것 같다. 어차피 보증금을 거의 되돌려 받을 수 없으니 최대한 버티자는 생각을 하고 있을 것이다. 세입자에게 이사비를 주겠다고 제의할 계획이지만 여의치 않아 보이고, 결국은 명도소송까지 가야 할 것 같다. 명도소송을 하려면 절차도 복잡하고 시간도 6개월 이상 걸린다. 송씨는 "세입자 관리는 한마디로 '감정노동'이라고 할 정도로 스트레스를 많이 받는 게 현실"이라고 말했다.

서울 대학가 원룸주택 꼭대기 층에서 살면서 임대하는 박진구(가명·66) 씨도 월세 놓기의 힘겨움을 절실하게 느낀다. 세입자가 15명 가량 되다 보니 일일이 임대차를 관리하고 월세를 받기에 힘이 달린다. 세입자들이 변기가 막힌다고, 전등이 나갔다고, 수압이 약하다고 수시로 찾아오고 심지어 새벽까지 문을 두드린다. 이것이 세입자의 당연한 권리일 수도 있지만, 집주인도 감정을 가진 인간이라 마음의 생채기가 생긴다. 박씨는 "나이도 있고 관리도 힘들어 임대를 그만하고 매각할 예정"이라고 말했다.

주택 임대는 이처럼 세입자들과 감정적으로 부딪치는 데다 이곳 저곳 손댈 데도 많아 생각보다 몸 고생, 마음고생이 만만치 않다. 그래서 누구에게나 주택 임대를 통한 월세 받기가 로망이 될 수는 없다.

당신은 공주파인가, 억척파인가

당신은 남에게 아쉬운 소리를 척척 하는 스타일인가. 혹은 억척 스타일인가. 어려워도 굴하지 않고 감정에 잘 휘둘리지 않으며, 끈덕지게 일을 처리하는 사람 말이다. 또는 평소 기가 세다는 말을 듣거나 사람을 잘 다루는 대장부 스타일인가. 위 세 가지 스타일 중 하나에만 해당되어도 다가구 · 다세대주택 임대가 적성에 맞으니 도전하라. 좀 더 현실적으로 친목회, 동창회 등의 회장이나 총무 직책을 2개 이상 보유하고 있어도 주택 임대업자의 꿈은 쉽게 이룰 수 있을 것 같다.

하지만 반대로 남에게 아쉬운 소리를 잘 못할 뿐 아니라 소심하고 기가 약한 스타일은 다가구 · 다세대주택 임대를 하지 않는 게 좋다. 눈코 뜰 새 없이 바쁘게 산다거나 고상한 것을 좋아하는 공주 스타일도 여기에 해당한다. 이런 스타일은 다가구 · 다세대주택보다 관리에 품이 덜 들어가는 아파트가 더 나을 수 있다. 자신이 어떤 스타일인지를 파악하고 주택 임대에 나서야 중도에 관두는 일이 생기지 않고 시행착오도 줄일 수 있다.

공주 스타일이면서 꼭 주택 임대사업을 하고 싶다면 어떻게 할까. 방법이 없지는 않다. 주택을 매입한 뒤 전문주택관리회사에 맡겨도 된다. 전국적으로 등록된 전문주택관리회사가 라이프테크 등 180여 개에 달한다. 요즘 주인을 대신해서 주택과 세입자 월세 관리를 해주고 수수료를 받는 '위탁관리형' 주택 임대관리가 늘고 있다. 당연히 비용이 든다. 관리수수료는 지역마다 다르지만 월세의 5~10%(임대 중개수수료 별도)다. 또 회사에서 임대료 월정액을 보장해주고 공실(빈방)과 미납에 대한 책임을 지는 '자기관리형'도 있는데, 일본에서는 활발하나 국내에서는 저조한 편이다. 개인적으로 동네 중개업소에 관리를 맡겨도 되지만 월세 수금을 대신하는 만큼 신뢰성이 검증된 곳이어야 한다.

8할이 입지다

서정주 시인은 시 〈자화상〉에서 "스물세 해 동안 나를 키운 건 8할이 바람"이라고 했다. 성장기의 자신을 대부분 바람이 지배했다는 것이다. 8할(80%)은 100%의 겸손한 표현인지도 모른다. 다가구·다세대주택 임대사업을 얘기할 때도 8할이 떠오른다. 바로 성공의 대부분은 입지에 달려 있다는 것이다.

서울에서 다세대주택 임대사업을 하는 고진웅(가명·60) 씨는 요즘 또 다른 다세대주택을 보러 다닌다. 10년 전 시작한 주택 임대사업은 이제 경험이 쌓이면서 집을 보는 눈도 생겼다. 고씨는 먼저 인터넷이나 스마트폰으로 물건을 검색한 뒤 가격·입지가 어느 정도 마음에 들면 현장 조사에 나선다. 그래야 시간과 비용을 최대한 아껴 효율적으로 매물을 찾을 수 있어서다. 그가 최근 들어 관심을 기울이는 곳은 완공을 앞둔 역세권 오피스타운의 배후 지역이다. 아무래도 젊은 층이 많기 때문이다. 그는 "주택 임대의 성공은 좋은 입지를 고르는 안목에서 출발한다"고 말했다.

아파트에 비해 임대료가 싼 다가구·다세대주택의 가장 큰 수요층은 젊은 층이다. 아직은 자산축적이 많지 않아 대중교통을 이용하고 이른 출근과 늦은 귀가로 바삐 사는 사람들이다. 젊은 층이 가장 선호하는 지역은 역세권으로 대학가나 오피스 밀집 지역, 산업단지를 끼고 있는 역세권이면 금상첨화다. 역세권에서는 수요가 많은 만큼 임대료나 매매가격이 안정적이고 공실 부담이 덜하다. 일반적으로 역세권은 역으로부터 반경 500m(도보 7분) 거리 이내다. 그 이상은 역세권이 아니라 역생활권이나 역영향권이라는 우스갯소리가 있다. 매입을 할 때는 인터넷 지도로만 볼 게 아니라 고씨처럼 다리품을 팔아 직접 거리를 재보는 게 좋다. 비표준화된 부동산을 싸게 사는 방법으로는 다리품만 한 게 없다.

입지가 좋은 곳은 새 경쟁자가 출현해도 살아남는다. 앞으로 육아 · 헬스 · 조식 · 세탁 서비스 등을 제공하는 기업형 임대주택인 뉴스테이나 저렴한 청년주택이 본격 공급되면 개인의 주택 임대는 경쟁력에서 밀릴 수밖에 없다. 따라서 시간이 걸리더라도, 다소 비싸더라도 누구나 욕심내는 좋은 입지의 다가구 · 다세대주택을 골라야 한다. 개인적으로 생각하는 최고 입지는 '역 ○○번 출구' 에서 100m 이내 주택이다.

보기 좋은 땅이 가치도 높다

다가구 · 다세대주택의 땅은 나중에 신축할 때를 대비해 정방형(정사각형)이나 장방형(직사각형)을 고르는 게 좋다. 반듯한 토지는 도로와 맞물려 있으면 차량 진입이 수월할 뿐만 아니라, 신축 때 용적률 확보도 쉽다. 요즘은 다가구 · 다세대주택 세입자도 주차가 가능한 곳을 선호하기 마련이다. 진입로가 4m 이상 되는 곳을 골라야 차량 진입이 수월하다.

또 평지가 최상의 입지이긴 하지만, 경사지라 해도 배치만 잘하면 무난한 집터가 될 수 있다. 경사지 앞쪽은 낮고 뒤쪽은 높은 전저후고前低後高 형태의 토지가 좋다. 대체로 마당은 낮고 집이 있는 부분은 높은 형태로, 이런 집터는 요즘 말로 '자세' 가 나온다. 하지만 언덕의 허리를 잘라서 지은 건물은 풍수적으로 흉하고 이용하기에도 불편할 수 있다.

또 막다른 골목에 있는 토지나 자루형 토지는 피해야 한다. 자루형 토지는 도로에 접한 출입구가 자루의 입구처럼 좁게 생긴 토지를 말한다. 이런 곳은 공기가 잘 통하지 않을 뿐만 아니라 화재가 나면 위험해지고 주변이 한적해 좀도둑도 기승을 부릴 수 있다. 이런 곳은 땅값이 싸지만 주거 여건이 좋지 않아 임대가 쉽지 않고 되팔기도 어렵다. 부동산도 상식선에서 판단하면 답이 나온다.

저마다 다른 부동산 상품의 경쟁력

대체로 '주택 임대' 하면 다세대주택이나 다가구주택을 떠올린다. 자금력이 된다면 가능한 한 다가구주택보다는 다세대주택을 지을 수 있는 부지가 낫다. 단독주택으로 집주인이 한 명인 다가구주택, 원룸주택은 대체로 지상 3층(필로티 제외)을 짓지만 공동주택으로 각 호수의 소유권을 각자 명의로 분리 가능한 다세대주택은 1층 더 높은 4층을 짓는다. 층수를 올리는 만큼 임대면적이 늘어나 수익도 많아진다. 요즘은 주차장을 확보하기 위해 1층을 필로티로 많이 설계한다. 이 경우 2층부터 주거 공간이 들어서 다세대주택은 총 5층이 되므로 엘리베이터를 설치하는 게 세입자 유치에 유리하다. 주차 공간을 고려하면 다세대주택의 대지는 최소 50평, 주차와 엘리베이터 공간까지 고려하면 최소 70평은 되어야 한다. 다만 다가구주택은 대지 30평 이하라도 협소주택으로 지을 수 있다.

다세대주택은 일반 아파트처럼 제3자에게 각 호수를 분양할 수 있지만 다가구주택은 불가능하다. 다만 세금 측면에서는 다가구주택이 다소 유리할 수 있다. 다세대주택은 소득세법상 다주택자가 되지만 다가구주택은 1채 보유자로 간주하기 때문이다. 따라서 1가구 1주택자 양도세 및 임대소득세에 대한 비과세 혜택(고가주택 제외)을 받으려면 다가구주택이 유리하다. 다가구·다세대주택은 주택가에서 흔히 볼 수 있는 지상 3~5층 건물로 외관상 거의 비슷해 구분하기 어렵다. 이럴 때는 스마트폰 앱 '스마트국토정보'를 통해 건물을 구분한 뒤 매입 여부를 결정하는 게 좋다(231쪽 참조).

일반적으로 다가구·다세대주택의 임대수익률은 연 4% 이상이면 무난하지만 세입자가 많은 풀옵션 중심의 원룸주택은 1~2%포인트 더 높아야 한다. 임차인이 자주 바뀌고 도배·장판·싱크대 등의 유지·관리 비용이 많이 드는 데다 감가상각이 일반 건물에 비해 심하기 때문이다.

고수가 털어놓는 체크 포인트

서울 역세권에서 다가구주택 5채를 운영하는 안진구(가명·63) 씨. 그는 이 분야에서는 고수로 통한다. 10년간 주택 임대업을 하면서 잔뼈가 굵었다. 그는 "경쟁이 치열한 주택 임대시장에서는 디테일과 유연함이 필수"라고 말했다. 그는 다가구·다세대주택에 투자하거나 임대할 때 주의할 점으로 다음과 같은 사항을 꼽았다.

먼저, 집은 쪼갤수록 수익이 높지만 개미집처럼 너무 작아선 곤란하다. 요즘 원룸은 공급이 너무 많고 공간도 비좁다 보니 원룸보다 약간 큰 1.5룸(거실과 침실 분리형)이 인기다. 집을 지을 때 원룸 일색으로 짓지 말고 1.5룸과 투룸을 적절히 섞어서 짓는 게 바람직하다는 주문이다. 앞의 책 《도쿄에 중고 원룸 3채를 가져라》에서도 15㎡(4.5평) 이하는 너무 협소하므로 좋지 않다고 했다. 또 안씨는 "외관 디자인을 예쁘게 하고 내부 마감재도 동네에서 가장 잘 지었다고 소문날 정도로 최고 시설로 지어라"고 강조한다. 그래야 새 경쟁자가 나타나도 공실이 생기지 않는다는 설명이다. 건축비를 아끼기 위해 엉성하게 지으면 준공 후 수리비나 유지·관리 비용만 더들어갈 수 있다.

또 임대차 구성의 유연함이 중요하다. 높은 임대수익을 올리기 위해서는 월세 중심으로 임대차를 구성하는 게 낫다. 하지만 상황이 여의치 않을 때는 반전세, 전세도 임대할 필요가 있다. 안씨는 "임대료를 다소 덜 받더라도 방을 채우는 게 공실로 남겨두는 것보다 낫다"고 조언한다.

마지막으로 매입하려는 건물이 불법 건축물은 아닌지 꼼꼼히 확인하라. 건축물대장을 떼어보면 불법 건축물인지 아닌지 알 수 있다. 무단으로 옥탑을 증축하거나 근린생활시설을 주택으로 용도변경했다가 적발된 경우가 많다. 안씨는 "불법 건축물로 적발되면 불법 행위를 한 전 소유자가 아니라 적발 당시 소유자가 책임져야 한다"며 "원상복구 명령을 받고 이행하지 않으면 매년 이행 강제금도 납부해야 한다"고 말한다. 불법 건축물은 대출을 받을 때도 불이익을 당할 수 있으니 유의해야 한다는 조언이다.

아파트 임대로 노후 재설계 가능할까

몇 년 전 한 주식 고수에게 회사 일이나 집안일을 하면서도 마음 편히 주식 투자를 하는 방법이 있느냐고 물었다. 그는 망설임 없이 "인덱스펀드Index Fund를 사라"고 답했다. 인덱스펀드는 개별 주식에 비해 수익률 변동이 크지 않아 스트레스를 덜 받고 투자할 수 있다는 이유에서다. 인덱스펀드는 주가지수를 추종하도록 포트폴리오를 설계해 시장평균의 수익을 추구하는 펀드다.

인덱스펀드는 전체 시장 움직임을 따라가므로 개별 종목보다는 불안감이나 위험관리 부담이 덜한 편이다. 1990년 노벨경제학상을 받은 미국의 경제학자 머튼 밀러Merton Howard Miller도 "인덱스펀드라는 단순한 투자 수단을 선택한다면 더 많은 시간을 여가생활에 활용할 수 있다"고 말했다.[13]

아파트 임대와 인덱스펀드는 두 가지 측면에서 닮은 점이 있다. 바로 높은 수익을 기대하기는 힘들지만 신경 쓰는 일이 덜하다는 점이다. 물론 절대적인 비교가 아니라 상품군에 따른 상대적 비교다.

일반적으로 아파트의 월세 수익률은 원룸주택이나 오피스텔보다 1~1.5%포인트 떨어진다. 하지만 아파트는 주로 살림집이어서 다가구·다세대주택, 오피스텔과는 달리 세입자가 자주 바뀌지 않아 집주인이 신경 쓸 일이 적다. 또 다가구·다세대주택과는 달리 관리사무소가 있어 각종 요금 정산, 건물관리를 대행하는 데다 세입자도 한 가구만 상대하면 된다. 나이 들어 세심한 관리 없이도 노동소득을 대신할 '또 다른 월급'을 갈망하는 은퇴자라면 아파트 임대는 하나의 대안이다. 거칠게 말해 아파트 임대는 부지런하지 않은 사람, 아니 약간은 게으른 사람도 도전할 수 있는 영역이다. 또 아파트는 거래가 많아 언제든지 매각할 수 있어 환금성이 좋고, 담보로 대출을 받을 수 있어 다른 부동산 상품보다 비교적 장점이 많다.

다만 아파트 임대도 약점이 있다는 점은 미리 짚고 가자. 다가구·다세대주택 임대보다 세입자에게 덜 시달리지만, 가격 출렁임에는 더 많이 시달릴 수 있다. 아파트시장은 금융시장을 닮아 가격변동성이 크므로 저점 매수를 해야 스트레스를 받지 않는다. 아파트도 잘못 사면 아플 수도 있는 법이다.

돈이 되는 아파트 제대로 고르기

이미 당신이 집을 1채 보유하고 있다고 가정하자. 당신은 노후에 대비해서 추가로 아파트를 매입해서 임대를 하고 싶다. 과거에는 아파트가 시세차익을 노리는 투기의 수단이었다. 하지만 또 다른 현금 확보 수단으로 인식이 바뀌고 있다. 이 같은 변화는 주택 임대차시장이 전세에서 월세로 급속하게 바뀌면서 나타난 것이다. 이렇다 할 소득이 없는 노후에 아파트는 현금흐름 창출의 수단으로서 충분한 가치를 지닌다. 문제는 모든 아파트가 노후의 든든한 후원자가 되어주지는 않는다는 것이다. 입지와 상품 측면에서 가치가 있는 아파트를 골라야 낭패를 당하지 않는다.

우선 주거지로서 입지 경쟁력이다. 주거지 경쟁력이 높다는 것은 사람이 살기 좋은 곳이라는 뜻이다. 이른바 주거 프리미엄이 형성된 곳이다. 이런 곳은 교통(역세권), 교육(학원, 학군), 편의시설(쇼핑)이라는 명품 주거지 삼박자를 갖춘 곳이다. 바로 현대판 명당으로도 볼 수 있다. 하지만 주위를 둘러보라. 이런 조건을 갖춘 아파트는 가격이 너무 비싸 '그림의 떡'이 될 가능성이 크다. 따라서 투자금액 한도 내에서 조건에 최대한 부합하는 지역을 선별하는 것이 좋을 것이다. 이상적으로 완벽한 곳을 선택하기는 현실적으로 어렵다. 옛말에 '산 좋고 물 좋고 정자까지 좋은 곳은 없다'고 했다. 100점짜리 집보다는 90점짜리 집을 선택하는 것도 설득력 있는 대안이다.

그리고 상품의 경쟁력도 따져야 한다. 월세 임대가 잘 나가려면 지역도 잘 골라야 하지만 상품도 잘 선택해야 한다. 월세를 받으려면 무엇보다 세입자가 좋아하는 상품이어야 할 것이다. '신축 10년 이내+소형+중저가' 조건을 맞출 경우 공실을 최소화할 수 있다. 월세 200만 원을 넘어서는 고가 전세나 중대형아파트는 부유층 밀집지역이 아니면 세입자를 찾기 어렵다. 투자금액 한도 내에서 월세수입 목적으로 아파트를 매입한다면 근거리에 저가 소형 여러 채가 낫다. 월세살이 수요는 중장년층보다는 젊은 층인데 빈약한 급여로는 비싼 월세를 감당하기 어렵다. 월세 부담을 낮추려면 아파트값이 일단 싸야 한다.

아파트는 표준화 · 규격화된 주택이므로 정보기술IT의 힘을 빌리면 정보를 비교적 쉽게 찾을 수 있다. KB부동산, 네이버부동산, 부동산114 등을 활용하면 아파트의 단지정보, 평면도, 학군정보, 관리비의 확인이 가능하다. 아파트 재건축 투자성을 따질 때 쓰는 용적률, 동 · 호수별 대지지분 확인은 스마트폰 앱 '온나라부동산포털'을 다운로드받아 활용하면 된다.

아파트를 사더라도 조급증은 금물이다. 당장 살 곳이 아니라 노후 대비 투자 목적으로 추가 구매하는 것이므로 서두를 게 없다. 가뜩이나 국내 아파트시장은 공급 과잉, 가계부채, 미국 금리 인상 등의 악재에 시달리고 있다. 아파트값이 계속 오르는 법은 없다. 부동산은 상승과 하락을 반복한다. 앞으로 가격이 하락할 때 저가 매수한다는 전략이 낫다. 아파트를 통한 노후 설계는 싸게 사기 위해서는 기다릴 줄 아는 인내력, 분위기에 휩쓸리지 않는 차분함이 필수다.

노후의 청약통장 활용법

"나이 들어서도 청약통장이 필요한가?"라고 간혹 묻는 사람이 있다. 답변은 당연히 "그렇다"이다. 청약통장 금리가 낮아지면서 재테크 목적의 청약통장 가입은 사실상 무의미해졌다. 하지만 청약통장은 본래의 분양 목적으로는 여전히 유용하다. 투기 목적이 아니라 분양을 받아 월세를 받는 실수요 목적으로서도 말이다. 부부 모두 청약통장 가입은 필수다. 당첨의 왕도는 없다. 인터넷이나 신문을 통해 얻은 청약 예정 아파트의 리스트를 만든 뒤 꾸준히 도전해보는 성실함이 필요하다.

당신은 월세 수요가 많은 도심의 신규 아파트를 분양받고 싶다. 대상 아파트는 대부분 재건축·재개발의 일반 청약분일 것이다. 하지만 향과 층이 좋은 로열층은 조합원 몫으로 돌아가기 일쑤다. 일반 청약분은 좋은 게 많지 않을 수 있다는 얘기다. 따라서 견본주택과 현장을 방문한 뒤 로열층 물량을 파악하는 꼼꼼함이 필요하다.

또 하나, 분양가 거품 여부도 체크 사항이다. 요즘은 청약 열풍에 힘입어 도심이든 교외든 고분양가 행진이 계속되고 있다. 주변 시세보다 10% 이상 비싼 분양가는 신중해야 한다. 입주 때 분양가 이하로 떨어지는 '마이너스 프리미엄'이 발생할 수 있다. 자칫 '승자의 저주'가 될 수도 있다는 얘기다.

청약을 통한 당첨이 어렵다면 분양권을 매입하는 것도 괜찮다. 다만 과열 분위기에 휩쓸려 웃돈을 너무 많이 주고 사는 것은 위험하다. 분양권시장은 미래의 실물 부동산(아파트)에 입주할 수 있는 권리를 사고파는 곳이다. 채권 성격이 강한 거래시장이어서 작은 악재에도 가격 변동성이 클 수 있다. 투자 목적이니 차분히 기다렸다가 시장이 일시적인 충격에 휩싸였을 때 매수하는 게 좋다. 거듭 강조하건대 노후 설계에는 급할 게 없다.

월세를 받을 생각으로 분양을 받았지만 처음부터 차질이 생길 수 있다. 입주 초기에는 물량이 많아 월세가 잘 나가지 않을 수 있어서다. 이럴 때는 점진적인 월세 비중 높이기 전략이 좋다. 즉 처음에는 보증금 비중을 대폭 올리고 월세는 약간만 받는 '반전세' 형태로 임대를 놓은 뒤 시장이 안정되면 월세 비중을 점차 높이는 방안이다.

주택시장의 메이저리그와 마이너리그

'아파트를 사려니 가격이 비싸고, 월세는 받고 싶고….' 소액 투자자들이 아파트의 대안으로 고려하는 것이 오피스텔이나 빌라(연립주택)다. 주택시장의 마이너리그 성격이 강하다. 문제는 단기간 공급이 너무 많다는 점이다. 전세난에 지친 세입자들이 저렴한 주거 공간을 찾다 보니 업체들이 대거 공급에 나선 결과다. 빠른 공급이 가능한 오피스텔과 빌라는 음식으로 치면 정식보다는 패스트푸드다. 따라서 공급 쇼크의 영향권에 들지 않는 인기 지역으로 압축하는 게 좋다.

우선 빌라는 아파트와 가격 차이가 큰 곳이 유리하다. 아파트 임대료가 비싸 차선으로 빌라 임대를 찾는 세입자들의 성향을 고려할 때 그렇다. 빌라는 아파트와 가격 차이가 큰 곳일수록 일종의 '대비효과'로 매매·임대수요가 많은 편이다. 이런 곳은 가격이 비싼 도심 대단지 아파트 주변일 것이다. 하지만 외곽의 빌라는 아파트와 가격 차이가 크지 않아 경쟁력이 떨어진다. 요즘 길거리 전봇대에서 '1,000만 원이면 내 집 장만!'이라는 빌라 현수막 광고를 흔히 볼 수 있다. 귀가 솔깃한 마케팅을 하는 빌라일수록 입지가 나쁘다는 반증이다. 모든 사람이 갖고 싶은 좋은 부동산은 현란한 광고를 하지 않아도 다 팔릴 것이다.

주거용 오피스텔은 소형주택 등 대체재의 공급에 영향을 쉽게 받는다. 그래서 주거용 오피스텔보다는 사무실 용도를 겸할 수 있는 오피스텔이 낫다. 오피스텔 전용률(공급면적 대비 전용면적 비율)이 55%를 넘으면 임대 놓기가 수월하다.[14] 오피스텔은 투자금 대비 임대수익만 생각한다면 로열층보다는 비로열층이 유리하다. 임대료가 매매가격만큼 차이가 나지는 않기 때문이다.

빌라와 오피스텔은 비주류 상품으로 되팔기 어렵다는 점이 최대 악재다. 순수한 임대 목적으로 빌라와 오피스텔을 산다고 하더라도 제값 주고서는 메리트가 없다. '부동산 할인 매장'인 법원경매나 공매시장에서 저가 매수하는 전략이 좋다. 그렇지 않다면 차라리 주택시장의 메이저리그인 아파트를 노크하는 게 좋을 것이다.

'한 지붕 두 가족' 부분 임대형 아파트

지난해 서울 흑석동 대학가의 부분 임대형 아파트 84㎡를 7억 5,000만 원에 매입한 백형국(가명·53) 씨. 그는 요즘 이 아파트에서 보증금 1억 2,000만 원에 월 210만 원의 임대료를 받는다. 명목 임대수익률은 연 4%. 일반 아파트보다는 약간 높은 편이다. 이 같은 임대수익률이 가능한 것은 이 아파트의 독립된 주거 공간을 모두 월세를 놓았기 때문이다. 그는 애초 주인 거주 공간으로 설계된 투룸에서 월 130만 원, 세입자용 원룸에서 월 80만 원을 각각 받는다. 백씨는 "수익률이 괜찮아서 부분 임대형 아파트를 추가로 매입할 생각"이라고 말했다.

저금리가 장기화하면서 부분 임대형 아파트에 은퇴를 앞둔 중장년층의 관심이 쏠린다. 이 아파트는 한 가구의 아파트를 독립적인 생활이 가능하도록 2개의 공간으로 분리한 아파트다. 백씨처럼 두 공간을 모두 월세를 놓는 경우도 있지만 일반적으로는 주인이 거주하면서 작은 집을 임대 놓는다. 부분 임대는 '현대판 문간방' 개념으로 현금흐름을 창출한다는 점에서 주택연금에 가입한 효과와 비슷하다. 다만 문간방과는 달리 출입문과 주방, 욕실을 별도로 설치해 집주인과 세입자가 서로 부딪칠 일이 없다. 서로 사생활이 보장되는 셈이다.

부분 임대형 아파트는 대학가에서 인기가 높다. 일반 주택에 비해 보안이나 방범이 잘돼 있어 여대생 학부모들의 관심이 많다. 오피스텔에 비해 관리비가 저렴하고, 단지 내 커뮤니티 시설을 이용할 수 있는 것도 또 다른 장점이다. 다만 임대료가 원룸주택에 비해 너무 비싸고, 가변형 벽체로 공간을 분리해 완벽한 방음이 어렵다는 것은 단점이다. 부유층 단지에서는 한 아파트에서 세입자와 동거하는 것을 꺼린다. 부분 임대형 아파트는 당분간 대중적인 상품보다는 대학가 중심의 틈새상품으로 자리매김할 것으로 보인다.

또 다른 방테크, 아파트 셰어하우스

요즘 대학가나 산업단지를 중심으로 '셰어하우스'가 인기다. 셰어하우스는 '공유share'와 '집house'이 합쳐진 말로 방은 각자 쓰지만 거실이나 주방, 화장실 등은 공동으로 이용한다. 세입자들은 원룸 수준의 임대료로 외로움을 달래면서 좀 더 쾌적한 주거 공간에서 살고 싶다. 집주인 역시 일반 월세보다는 좀 더 높은 수익을 얻고 싶다. 셰어하우스는 이러한 수요자와 공급자의 이해타산이 맞아 생긴 새로운 주거유형이다.

서울 이문동 대학가에서 대형아파트로 셰어하우스를 운영하는 김민주(가명·46) 씨의 수익이 쏠쏠하다. 김씨는 몇 년 전 일본 유학을 하면서 셰어하우스가 인기를 끄는 것을 보고 사업을 시작했다. 처음에는 아파트를 살 돈이 없어 3년간 '전대차'를 조건으로 대형아파트 월세를 계약했다. 전대차는 세입자가 빌린 집을 집주인의 동의를 얻어 제3자에게 재임대하는 것이다.

김씨는 거주자들(6~7명)로부터 각 월 50만 원의 임대료를 받는다. 거주자들과의 계약 기간은 6개월로 짧은 편. 김씨는 "개강을 앞둔 2월, 8월에 맞추면 공실 걱정을 덜 수 있다"고 말했다. 그는 사업을 확장하기 위해 최근에는 아예 안암동에 셰어하우스로 쓸 대형아파트를 5억 5,000만 원에 매입했다. 이곳에서 월 320만 원의 수익(유지비용 20만 원 별도)이 나올 것으로 예상된다. 연 7%에 가까운 임대수익률이다. 대출 지렛대를 쓰면 수익률은 더 올라간다.

셰어하우스는 애물단지인 대형아파트를 수익 창출의 도구로 활용할 수 있다는 점에서 주목된다. 다만 셰어하우스를 운영하려면 부지런해야 할 것 같다. 세입자가 자주 바뀌는 데다 공용물품 역시 제때 채워줘야 하기 때문이다. 기숙사, 원룸, 고시원 등 유사상품과의 경쟁에서 살아남으려면 차별화된 서비스 개발도 필요하다. 초기 비용을 많이 투입하기보다는 김씨처럼 아파트를 빌려 경험을 쌓은 뒤 확대하는 게 좋다.

나이 들어 함부로 땅 사면 안 되는 이유

"사람의 온기가 느껴지는 땅이죠."

최근 명당을 찾아가는 풍수 현장 투어 버스 안에서 풍수 전문가 K씨는 어떤 땅이 좋은가라는 질문에 이같이 답했다. 그는 주로 산속의 묘지 명당을 찾는 음택풍수에 지명도가 높은 전문가다. 좌청룡 우백호 같은 풍수이론에 기반을 둔 해설이 나올 것으로 예상했는데 솔직히 의외의 답변이었다.

"국도나 지방도로 주변 상가나 휴게소는 영업이 잘 안 되죠. 그 이유는 바로 땅 모양새가 나쁜 게 아니라 사람의 왕래가 뜸하기 때문입니다."

어찌 보면 당연하고 상식적인 얘기다. 하지만 뛰어난 통찰력은 다름이 아니라 상식에 기반을 둔 지적인 번뜩임이 아닌가. K씨의 말을 들으며 버스가 지나는 한 국도 주변을 둘러보니 실제로 주유소나 음식점에는 인적이 뜸했다. 일부 가게 출입문에는 폐업이나 임시휴업을 알리는 플래카드가 걸려 있었다. K씨는 "도로변 땅보다는 차라리 젊은 층들로 북적이는 도심의 작은 아파트나 오피스텔이 낫다"고 말했다.

많은 사람이 도로변 땅은 차량 접근성이 좋다는 이유로 무조건 유망한 투자처로 생각한다. 하지만 도로도 도로 나름이다. 대도시 주변이 아닌 한적한 시골의 도로변 토지는 생각보다 활용가치가 낮다. 먼 미래의 개발 가능성만을 보고 사람 발소리가 들리지 않는 곳에 투자하는 것은 위험한 일이다. 토지의 활용도는 도시 지역에 근접할수록, 인구밀도가 높을수록 높아진다. 땅을 사더라도 도심이 좋다. 최고의 땅은 젊은 사람들이 테이크아웃 커피를 들고 다니는 곳, 다시 밀해 젊은 층 중심의 유동인구기 많은 곳이다.

땅 대박은 개발 시대의 신화일 뿐

'나도 땅으로 대박을 터뜨려볼까?' 부동산에 관심을 갖는 사람이면 누구나 한 번쯤 꿈꿔봤을 것이다. 하지만 헛된 꿈이 될 수 있다. 그동안 땅 대박은 주로 대규모 개발 프로젝트 덕이었다. 대표적인 프로젝트가 신도시나 산업단지, 철도나 도로 건설이다. 우리나라는 이제 경제의 성숙 단계인 선진국 반열에 올라 개발 시대의 대규모 프로젝트가 많이 줄어들었다. 공공택지개발은 천문학적인 땅 보상으로 벼락부자 탄생의 대표적인 루트였다. 하지만 주택보급률이 100%를 훌쩍 넘으면서 정부가 공공택지개발을 대폭 줄이고 있다. 땅 대박은 개발 시대의 신화에 불과하다.

사실 과거에는 돈이 있으면 땅에다가 돈을 묻었다. 마땅한 투자 상품이 없는 데다 땅은 거짓말하지 않는다는 맹목적인 믿음 때문이다. 하지만 대박은커녕 애물단지가 되어 되돌아온 경우가 허다하다.

서울 토박이인 은퇴자 김시준(가명·70) 씨는 요즘 골치를 앓고 있다. 25년 전 투자 목적으로 충청권에 사놓은 논밭 4,000평과 임야 1,000평을 파는 문제 때문이다. 땅 덩치가 커서 매수자가 잘 나서지 않는다. 또 부재지주 소유 토지여서 팔 때 양도세 부담이 무거운 것도 마음에 걸린다. 세금을 아끼기 위해 해당 지역으로 주민등록을 옮기고 직접 농사를 지을 수도 없는 처지다. 평생 낫·호미 한번 잡아보지 않은 그다. 김씨는 최근 팔리지 않는 충청권 땅을 성형외과 의사인 아들에게 증여하겠다는 뜻을 전달했다. 하지만 나름대로 부를 쌓은 아들은 "태어나서 한 번도 가보지 않은 큰 땅"이라며 증여를 그다지 달가워하지 않는 눈치다. 주변에도 김씨처럼 60~70대는 대도시에 살면서도 지방 농지나 임야에 투자한 사람이 많다. 하지만 요즘 그런 땅이 팔리지 않아 어려움을 겪는 고령자들이 한두 명이 아니다. 만약 김씨가 시골이 아닌 도시 지역의 땅에 투자했다면, 지금과 같은 고충을 덜 겪었을 것이다.

건물을 지을 수 있는 땅인가

요즘 토지시장의 가장 큰 트렌드는 투자 중심에서 실수요로 변화다. 수도권의 한 토지 전문 중개업자는 "10년 전만 해도 투자수요가 대부분이었지만 지금은 20%로 줄었고 실수요가 80%를 차지한다"고 말했다. 시세차익을 노린 묻어두기식 투자는 과거 토지 투자 패러다임으로, 요즘과는 맞지 않는다. 비환금성이 강한 토지는 한번 사면 자금이 잠길 가능성이 큰 데다 수익을 보려면 오래 기다려야 하기 때문이다.

일반적으로 땅을 살 때는 목적이 분명해야 한다. 그 목적은 바로 가격 상승보다는 이용 측면의 가치다. 좀 더 쉽게 말해 건물을 지을 땅을 사는 것이 좋다. 그런 점에서 땅을 살 때는 합리적 상상력이 필요한 것 같다. 이 땅에 어떤 건물을 지을 수 있는지, 짓는다면 건물에서 나오는 수익이 얼마인지 마음속에 그림을 그려보고 구입 여부를 결정하는 것이다. 교외 땅을 사더라도 판단의 기준은 건물 신축이다. 잘만 활용하면 임대수익의 대상이 될 수 있기 때문이다. 일정한 수입이 없는 노후에는 특히 그러하다.

스마트폰 앱 '토지이용규제'를 다운로드받아 활용하면 농지나 임야 등 교외 지역 땅에 대한 용도지역, 개발행위 가능 여부, 인허가 절차 등 각종 규제사항을 확인할 수 있다. 굳이 비용을 들여 토지이용계획확인서, 토지대장을 떼어보지 않고서도 스마트폰 앱을 통해 간편하게 확인할 수 있으니 꼭 사용해보길 권한다.

자영업자 박진호(가명·54) 씨는 요즘 수도권 남부 일대 중소규모의 물류창고 부지를 찾으러 다닌다. 물류창고를 지어 연 4% 안팎의 임대수익을 올리기 위해서다. 요즘 크게 늘고 있는 인터넷 쇼핑몰 업체를 비롯해 소규모 의류, 신발, 주류 업체들에 창고를 빌려주고 임대료를 받는 것이다. 물류창고가 들어서기 위해서는 교통 여건을 갖춰야 한다. 나들목과 가깝고 컨테이너 트럭이 드나들 수 있을 만큼 도로 폭이 4m 이상 되어야 한다. 박씨는 "막연히 땅값이 오르기를 기다리는 투자 방식은 이제 통하지 않는다. 물류창고는 임대료와 시세차익을 동시에 겨냥하는 방법"이라고 말했다.

대도시 인근의 대로변 땅은 패스트푸드점이나 양판점, 할인매장 업체들이 장기 임차계약을 통해 자신들의 돈으로 가건물을 지어 영업하고 땅 주인에게 임대료를 주는 경우도 많다. 나 대신 건물을 올리게 하면서 임대료를 챙길 수 있는 전략이다. 이 역시 도심 근처에 있는 땅이니까 가능한 일이다.

사업용 인정받으면 세금 확 줄어든다

일반적으로 사업 용도로 사용하지 않는 부동산에 대해서는 세금이 무겁다. 1990년대 초반 도입하려다가 헌법불합치 판정으로 유명무실화되었던 토지초과이득세도 유휴토지나 비사업용 부동산이 대상이었다. 이는 19세기 말 모든 지대를 조세로 징수할 것을 주창

한 미국의 경제학자 헨리 조지Henry George의 영향을 크게 받은 것이다. 참여정부 때 도입한 종합부동산세나 비사업용 부동산 세금 중과는 생산적인 용도로 쓰지 않는 부동산에 세제상 불이익을 준다는 측면에서 비슷하다. 부재지주 농지나 임야, 나대지 같은 비사업용 토지는 투기적 목적으로 보유한다고 보는 것이다. 비사업용 부동산을 팔 때 취득일부터 양도일까지 보유 기간에 따라 장기보유특별공제(10~30%)를 해주지만 양도세율은 일반 부동산보다 10%포인트 더 부과(16~50%)한다. 양도차익 5억 원 초과분은 55%(소득세의 10% 수준인 지방소득세 포함)의 양도세율을 적용받는다. 사실상 큰 비사업용 토지는 가격이 많이 올라도 양도세를 내고 나면 손에 쥐는 것은 형편없이 줄어드는 셈이다. 비사업용 토지의 세 부담이 무거우면 사업용 토지로 바꾸는 것도 좋다.

경기도 고양시 일대 나대지 500평을 갖고 있는 박종규(가명 · 58)씨. 부친이 돌아가시면서 물려준 이 땅의 보유세 부담이 무겁다. 그렇다고 팔려고 해도 양도세가 만만치 않다. 박씨는 세무사와 상담을 통해 이 땅에 건물을 올리거나 주차장, 고물상 야적장으로 활용하면 세금을 줄일 수 있다는 것을 알아냈다. 구체적으로 박씨의 절세 처방을 알아보자.

우선 빈 땅으로 놔두지 말고 건물을 짓는 것이다. 대체로 착공계를 낸 날로부터 최소 2년은 지나야 사업용으로 인정받는다. 건물 완공 시점이 아니라는 점을 기억하라. 착공은 행정관청에 착공신고를 하고 최소한 토지를 파내거나 고르는(굴착, 성토, 절토, 흙막이 등) 공사 시작을 의미한다. 착공계를 내는 날부터 나대지의 경우 종합부동산세 대상이 5억 원에서 80억 원으로 올라간다. 개인이 짓는 건물의 토지면적 공시지가가 80억 원이 넘는 일은 흔치 않으므로 사실상 종부세로부터 해방되는 셈이다.

나대지를 2년 이상 주차장법상 주차장이나 노상 주차장으로 활용하는 것도 한 방법이다. 다만 소유자가 사업자등록을 내고 경영도 직접 해야 한다. 매년 공시지가의 3%에 달하는 임대료를 받아야 한다는 조건도 있다. 무늬만 주차장에 대해서는 세금 혜택을 주지 않겠다는 취지다.

또 하나, 고물상 야적장으로 폐기물관리사업자에게 2년 이상 임대를 해도 사업용 인정을 받을 수 있다. 운영자는 폐기물관리법상 허가를 받은 업체여야 하지만, 소유자가 직접 경영하지 않아도 된다.

요컨대 사업용으로 인정받기 위해선 어느 정도 보유와 사용 기간이 있어야 한다. 일반적으로 생각할 수 있는 방법은 양도 직전 최소 3년을 보유하면서 2년은 사업용으로 사용하는 것이다. 그래야 양도세 중과를 피할 수 있다는 점을 잊지 말자.

농사를 직접 지으려고요?

"농사를 직접 지어도 자경으로 인정하지 않는다니…."
수도권에서 작은 철물점을 운영하는 신기용(가명·51) 씨. 단독주택

인근에 750평 밭을 5억 원에 매입해 아내와 함께 농사를 짓고 있는데 최근 깜짝 놀랐다. 근로소득이나 사업소득이 연간 3,700만 원을 넘어서는 해에는 자경으로 인정하지 않는다는 사실을 지인을 통해 뒤늦게 들었기 때문이다. 이 제도는 지난 2014년 7월 양도분부터 적용됐다. 농업 외 일정한 소득이 있는 사람은 '투잡'이므로 순수한 농민에게 주어지는 자경 양도세 감면(1년 1억 원, 5년 3억 원)을 주기 어렵다는 취지다. 신씨는 "자경 기준을 제대로 알았으면 아내 명의로 샀을 텐데 후회된다"고 말했다. 일반적으로 농지의 양도세 감면 기준은 '재촌·자경'이다. 순수 임야는 감면 혜택은 없지만 재촌 요건(가령 3년 이상 보유하면서 양도일로부터 소급해 2년 이상 거주)만 갖추면 비사업용에서 벗어날 수 있다.

우선 재촌은 농지 소재지나 연접한 시·군·구 지역 혹은 농지까지 직선거리 30km 이내에 거주하는 것이다. 직선거리는 도로거리가 아니다. 직선거리는 네이버나 다음 지도에서 컴퓨터 마우스로 집과 농지 간의 거리를 쉽게 잴 수 있다.

그리고 1996년 1월 이후 취득한 농지는 자경이 원칙이다. 지인을 통한 대리경작은 농지법 위반이다. 최근 정부가 쌀 과잉생산을 막기 위해 농업진흥지역(옛 절대농지) 규제를 완화하겠다고 밝혀 농지에 관심을 갖는 사람이 늘고 있다. 절대농지의 규제가 완화되더라도 전용허가를 거쳐 농지가 대지로 바뀌기 전에는 자경의 원칙은 바뀌지 않는다. 자경의 조건은 전체 농작업 가운데 최소한 2분의 1 이상을 자신의 노동으로 경작이나 재배를 해야 한다. 신씨처럼 다른 직업이 있는 경우 명확한 증빙 서류 없이는 자경을 인정받기 어렵다. 따라서 비료, 농기구, 농약을 구입할 때 소유자 신용카드로 계산하고 파종이나 추수하는 사진을 찍어두는 것은 필수다. 필요시 인근 주민에게 자경 확인서도 받아둬야 한다.

다만 상속 농지는 1ha(약 3,025평)까지는 위탁영농이 가능하다. 가령 해당 지역 친인척이나 동네 지인을 통해 대리경작이 가능하다는 얘기다. 하지만 그 이상은 처분하거나 직접 농사를 지어야 한다. 만약 농사를 직접 짓기 어렵다면 한국농어촌공사의 '농지은행'을 이용해볼 만하다. 농지은행에 8년 이상 맡기면 자경의무에서 벗어날 뿐 아니라 비사업용 토지에서도 제외되어 양도세 부담을 덜 수 있다.

상속받는 시골 땅 어떻게 하나

서울에 사는 경북 출신의 대기업 임원 이진규(가명·53) 씨. 시골에서 농사를 짓고 있는 모친이 돌아가시면 논밭 3,000평을 어떻게 할까 걱정이다. 이씨뿐만 아니라 동생 3명도 퇴직 후 시골에 가서 농사를 지을 생각이 없다. 땅값과 집값 합쳐서 자녀 일괄공제 한도인 5억 원이 채 안 돼 상속세 부담은 없을 것 같지만 양도세가 문제다. 이씨는 "미리미리 준비를 해둬야 세금을 아낄 수 있다고 해서 알아보고 있다"고 한다.

먼저 부모님이 오랫동안 시골에 살면서 직접 농사를 지었는지부터 파악하는 게 좋다. 부모님이 사망 직전 '8년 이상 재촌·자경' 요건을 갖췄다면 상속받은 날로부터 3년 이내에 처분하면 양도세 부담이 없다. 하지만 상속일로부터 3년 이내에 팔지 못하면, 상속받은 소유자 본인이 1년 이상 재촌·자경을 한 뒤 팔아야 양도세가 발생하지 않는다. 즉 상속받는 토지가 잘 팔리는 땅인지, 나중에 농사를 지을 것인지 등을 꼼꼼히 따진 뒤 절세 전략을 짜야 한다.

만약 상속받는 토지가 개발 예정지라 가격이 오를 것으로 예상된다면 상속 때 취득 가액을 올려놓는 게 좋다. 대체로 시골 땅은 매매가 드물어 시세보다 훨씬 낮은 공시지가를 기준으로 상속등기를 한다. 하지만 땅값이 올라가면 양도세 부담이 무거워진다. 감정평가법인 2곳을 통해 시세대로 감정을 받아 취득하면 나중에 땅값이 올라도 양도세가 줄어든다. 즉, 당장 취득세 부담이 늘어나도 양도세 부담이 더 줄어들어 이득이다. 논밭이 5억 원 이하일 때 감정평가 비용은 150만~200만 원 정도 든다.

상권을 움직이는 법칙, 제로섬 게임

"삼촌, 백화점 들어선다고 왜 주변 상인들이 데모를 하는 거예요?"

초등학교 2학년인 조카는 TV에 나오는 상인들의 반발 시위를 이해하기 힘들었나 보다. 조카는 "백화점이 생기면 사람들이 많이 모이고 장사도 잘될 텐데…"라고 고개를 갸우뚱했다. "사람들이 더 모이더라도 시설이 더 좋은 쪽으로만 몰리면 오히려 득보다 실이 클 수 있기 때문"이라고 말하자 조카는 고개를 끄덕였다. 조카의 착각은 상권의 속성을 제대로 이해하지 못했기 때문이 아닐까 하는 생각이 들었다.

일반적으로 초대형 빌딩이나 쇼핑몰이 들어서면 이득을 보는 사람이 더 많다. 유동인구가 늘어나면 인근 땅이나 건물의 가치가 올라가 이른바 땅 주인, 건물주들은 '후광 효과'를 기대할 수 있다. 아파트 소유자들도 생활이 편리해지고 전·월세 수요도 늘어나 이득이다. 하지만 일부 상가 주인이나 세입자들에게는 오히려 고객 이탈로 '빨대 효과'가 나타날 수 있다. 고속도로나 고속철도가 개통되면서 지방 상권이 위축되고 서울 쏠림 현상이 나타나는 것과 같은 맥락이다.

대형 쇼핑몰이나 백화점 내 점포들과 경쟁하는 유사업종일수록 타격이 심할 것이다. 교외의 백화점이나 대형할인점 주변을 한번 걸어보라. 얼마 전 충북 제천의 한 대형할인점 주변을 둘러볼 기회가 있었다. 그런데 할인점 옆 상가건물이 대부분 텅텅 비어 있었고 겨우 1층 한두 곳만 문을 열어놓고 있었다. 할인점에서 나오는 쇼핑객을 대상으로 '이삭줍기'를 할 생각으로 건물을 지었지만 예상이 빗나간 것이다. 승용차를 타고 온 사람들이 할인점에서 쇼핑을 마치고 곧장 떠나가기 때문이다. 그래서 대부분 할인점이나 백화점 주변 상가는 제천의 상가건물처럼 휑한 느낌이 든다. 상인들이 바라는 낙수 효과는 거의 나타나지 않는다.

아파트는 공생, 상권은 경쟁

아파트는 상가와 비교하면 딴판이다. 아파트 단지 주인들은 일조권이나 조망권을 침해받지 않는 한 주변에 새 아파트가 들어선다고 반대 시위를 하지 않는다. 오히려 비싼 아파트가 들어서면 자신이 사는 아파트도 가격이 올라가지 않을까 은근히 기대한다. 아파트들이 모여 대규모 주거타운이 되면 '규모의 경제'라는 시너지도 생긴다. 따라서 아파트 단지는 서로 공생관계이자 원원관계에 가깝다.

물론 상가는 가구거리나 패션거리처럼 서로 한곳으로 뭉치는 경우도 있다. 하지만 그렇더라도 다른 가구거리ㆍ패션거리와는 싸워야 한다. 상권은 대체로 생존을 건 경쟁관계이자 때로는 적대관계다. 유전자로 치면 이타적인 게 아니라 이기적 관계다. 대형 유통시설이 원거리에 있는 새 수요층을 대대적으로 끌어오지 않는 한 제한된 고객을 놓고 서로 치열한 싸움을 벌일 수밖에 없다. 먹을 수 있는 밥상의 음식은 빤한데 숟가락을 하나 더 얹는 꼴이다. 이처럼 상권의 가장 큰 특징은 '제로섬 게임'이라는 점이다. 하나의 상권이 급성장한 데는 다른 상권의 희생이 있었기에 가능했다. 상권은 다른 상권을 밟고 자란다. 백화점ㆍ대형마트ㆍ아울렛 등을 개점할 때마다 계속되는 지역 상인들과의 마찰은 바로 이 같은 걱정 때문이다.

설상가상으로 요즘 상가시장에 다크호스가 나타났다. 바로 지하 공간 개발에 따른 지하상가의 본격 등장이다. 서울시를 중심으로 영동대로 삼성역-봉은사역 일대 16만㎡, 서울시청-세종대로 일대 3만㎡ 크기의 지하 공간이 개발돼 앞으로 대규모 상가들이 들어선다. 이들 지하상가는 주로 지하철과 연결돼 비가 오나 눈이 오나 전천후 쇼핑이 가능하다. 영동대로 지하상권은 과거의 소규모 지하상가들과는 차원이 다른 매머드급이라는 점에서 작지 않은 파장이 예상된다. 주변 건물 주인들은 개발의 반사이익을 잔뜩 기대하고 있다. 하지만 이곳에서 장사를 하는 지상 세입자들은 오히려 걱정해야 한다. 유동인구를 지하상가에 빼앗길 수 있기 때문이다.

상권은 유기체처럼 살아 움직인다

상권은 일정한 지역을 중심으로 상가들이 형성되어 있는 공간적 범위다. 세상사 그렇듯이 상권도 고정불변이 아니라 흥망성쇠를 반복한다. 한때 최고 상권으로 손꼽혔던 서울 신촌, 이대 상권은 많이 퇴색했다. 이뿐이랴. 문화와 예술의 거리인 종로, 대학로도 홍대나 강남에 수요층을 뺏기면서 옛날 같지 않다. 그만큼 상권은 성장과 쇠락의 부침이 심하다는 얘기다. 하지만 명품 주거지를 보자. 일단 한번 자리를 잡으면 어지간해서는 흔들리지 않는다. 전통 부촌이었던 성북동, 한남동이나 아파트 부자 동네인 압구정동은 지금까지도 굳건하다.

지도를 펼쳐보라. 압구정동 아파트에서 큰 도로를 건너면 로데오거리가 있다. 이곳은 1990년대 자본주의 욕망의 섬으로 젊은이들로 발 디딜 틈이 없었지만 상권이 위축되면서 옛 영광을 되찾지 못하고 있다. 대신 로데오거리와 이웃한 가로수길과 확장된 세로수길이 번창하고 있다.

특별한 경우를 제외하고 상권의 영화는 대대손손 이어지지 않는다. 상권은 살아 있는 생물이다. 사람들의 발걸음 소리를 들으면서 쑥쑥 크지만 발걸음이 뜸하면 금세 쇠락한다. 유명한 상권이 아파트와는 달리 부침이 심한 것은 유행을 많이 타기 때문이다. 유명 상권의 발달은 주로 젊은 층 유동인구와 비례한다. 젊은 층의 소비성향과 욕구는 자주 달라진다. 대체 가능한 강력한 신흥 상권이 등장하면 쉽게 선두주자 자리를 내주는 게 상권의 또 다른 특징이다. 그런데 생필품 중심의 아파트 단지 내 상권은 비교적 안정적이다. 유동인구가 몰려들어 갑자기 뜨지 않지만 갑자기 가라앉지도 않는다. 즉 상권의 부침은 지역 주민뿐만 아니라 타지 사람까지 몰려 광역화되었을 때 더욱 두드러지게 나타난다는 것을 알 수 있다.

상가는 비 오는 날 골라라

명나라 풍수지리서적 《인자수지》에 '산관인정 수관재물山管人丁 水管財物'이라는 말이 있다. 산은 사람의 성정을 관리하고, 물은 재물을 관장한다는 뜻이다. 돈은 물의 흐름과 비슷하다. 물이 모이는 곳에 사람들도 모이고, 돈도 모인다.

대부분 핵심 상권은 빗물이 모이는 평지에 자리 잡고 있다. 하지만 구릉지에서는 비가 내리면 고이지 않고 낮은 곳으로 흘러가듯 돈도, 사람도 흘러간다. 구릉지에 상권이 제대로 발달하기 힘든 것은 어찌 보면 자연스러운 현상이리라.

우리나라에서 최대의 상권으로 손꼽히는 서울 강남역 주변은 기습 호우 땐 자주 잠긴다. 강남역의 물바다는 가까운 인근 논현동이나 역삼동보다 고도가 17m 낮아 고지대의 빗물이 내려오기 때문이다.[15] 강남역이 구릉지대라면 빗물은 그대로 흘러가겠지만 평지다 보니 고이는 것이다. 평지 상권은 세 불리기에 장애물이 없는 만큼 무한 증식한다. 강남역 상권은 생각보다 넓고 크다. 강남권은 물론 수도권 남부 수요층을 빨아들이는 광역상권으로 탈바꿈하고 있다. 이러한 배경에는 편리한 교통 이외에도 평지 상권의 확장성도 기인한다. 강남권 상권은 평지인 신논현역 쪽으로 뻗어 나가면서 거대한 상권을 만들어낸다.

그러나 강남역에서 한 정거장 거리의 역삼역 상권은 초라하다. 구릉지대에 자리 잡고 있어 출퇴근 인구 외에 사람이 많지 않고 상권도 역 주변 일부만 살아 있을 뿐이다. 강남구의 대치동, 논현동에 큰 상권이 잘 형성되지 않는 것도 사람들이 걸어 다니기 불편한 언덕길이 많아서다. 마찬가지로 미아리, 망우리, 무악재 같은 고갯길에서도 상권은 발달하기 어렵다.

좋은 상가 입지를 찾으려면 비 오는 날 현장을 가보라. 빗물이 어디로 흐르는지, 사람들이 어떤 길로 걷는지 꼼꼼히 살펴보라. 상권은 차량보다 사람이 움직이는 동선이 중요하다. 사람들이 많이 지나가는 주 동선을 따라 걸어보라. 골목이 한 번 꺾이기만 해도 상가의 희비가 엇갈린다. 걷다 보면 언덕길 이외에 담장이나 도로, 다리, 숲도 상권의 확산을 가로막는 장애물이라는 것을 알게 될 것이다. 실제로 강남역에서 교대역 쪽으로 도보 이동을 하면 이내 경부고속도로가 지나는 굴다리를 만나게 된다. 그 지점에서 상권의 흐름도 뚝 끊긴다. 지나다니는 사람이 드물어 썰렁한 느낌을 받는다.

최근 서울 성동구에서 지상 5층짜리 상가건물을 매입한 박송진 (가명·54) 씨. 그는 매매계약을 체결하기 전 열흘 동안 상가건물 골목길을 시간이 날 때마다 찾았다. 유동인구 관찰을 통해 상권 활성화가 어느 정도인지 알고 싶어서다. 그는 유동인구가 평일과 주말, 낮과 밤 시시각각으로 다르다는 것을 알았다. 상가건물에 들어가는 사람의 연령·성별 등 고객구성이나 피크 타임을 파악할 수 있었다. 그는 "서류만 보지 말고 직접 현장을 10번 이상 찾아 입지 경쟁력을 확인해야 한다"고 말한다. 다리품을 팔아 꼼꼼하게 상권을 분석해야 나중에 후회하지 않는다고 그는 덧붙였다.

핫플레이스 골목길 상권의 명암

"코스닥 주식 같아서 용기가 안 나요."

서울 서교동 카페 골목에서 만난 자영업자 배진수(가명·58) 씨는 껑충 뛴 호가에 혀를 내둘렀다. 승용차들이 겨우 오갈 수 있는 골목길 땅값이 대로변과 큰 차이가 나지 않는다. 또 땅값이 4~5년 새 곱절이나 뛴 곳이 있을 정도다. 골목길 주변을 둘러보니 땅값이 천정부지로 치솟은 것은 어느 정도 이유가 있어 보였다. 아직 이른 저녁인데도 대학생, 샐러리맨들로 북적댔다. 골목길은 이국적인 지붕과 외관으로 단장한 건물의 모양새부터 독특하고 색달랐다. 마치 자신의 존재감을 뽐내는 '건물 경연장' 같은 느낌이 들었다. 배씨는 "골목길이 앞으로도 인기를 끌 것 같다. 하지만 가격이 갑자기 올라 나중에 떨어지지 않을지 솔직히 겁이 난다"고 말했다.

골목길이 새로운 소비문화 코드로 급부상하고 있지만 추격 매수는 신중함이 필요해 보인다. 지금은 핫플레이스로 바뀐 골목길은 원래 다가구·다세대주택이 들어서 크게 번잡하지 않은 주택가였다. 평범한 주택이 리모델링을 거쳐 아기자기한 카페나 식당으로 변신하면서 골목길 분위기도 확 달라졌다. 그저 음습하면서 낡고 지저분하던 이미지의 골목길이 화려하게 변신한 것이다. '골목길의 대반란'이라고 해도 과언이 아니다. 서교동 카페거리뿐만 아니라 연남동 경의선 숲길, 종로 서촌과 북촌, 이태원 경리단길, 역삼동 언덕길은 대표적인 골목길 상권이다.

골목길 인기는 전국적인 현상이다. 부산에서는 골목길 축제가 열리고, 대구와 대전에는 골목길 투어를 할 때마다 사람들이 몰려든다. 교통 여건이 좋지도 않은 골목길이 하나의 문화 현상이 된 것은 '공간의 가치소비 현상' 때문이다. 답답한 콘크리트문화에 식상한 젊은 층이 여유 있게 즐길 수 있는 공간을 찾고 있는 것이다. 낭만의 상징인 유럽의 길거리 카페문화가 우리나라에서는 좁은 골목길에서 재현되고 있다. 그래서 요즘 뜨는 골목길 가게들은 일반 거리 점포 구성과는 다르다. 금세 배를 채우고 떠날 수 있는 설렁탕이나 순댓국집은 드물고 이자카야(일본식 선술집), 커피점, 레스토랑이 주류를 이루는 것이 특징이다.

문제는 배씨의 지적처럼 단기급등에 따른 부담감이다. 유명 골목길 상권은 이미 바람을 타면서 가격이 치솟아 살얼음판 걷듯 조심스러울 수밖에 없다. 주식으로 치면 가치주보다 테마주에 가깝다. 건물을 비싸게 구입하더라도 음식점 운영에 탁월한 경쟁력을 갖고 있거나 가격의 작은 등락에 신경을 쓰지 않는 슈퍼리치라면 모를까, 그렇지 않다면 신중하라. 또 성격적으로 핫플레이스는 새가슴보다는 어느 정도 강심장에 배짱이 있는 사람들이 도전하는 영역인 것 같다. 만약 소심한 당신이 꼭 사고 싶다면 가슴속에 '마음의 철판'을 단단히 깔고 시작하라. 그래야 두 다리 쭉 뻗고 잘 수 있을 것이다.

상가주택 경쟁력, 1층에서 나온다

상가주택은 말 그대로 상가와 주택을 겸한 복합건물로 일종의 점포 겸용주택이다. 상가주택은 학원과 주거 업무가 혼재되어 있고 근린상권이 형성되어 있는 곳이 유리하다. 도로 2개를 끼고 있어 눈에 쉽게 띄는 코너에 있는 상가주택이라면 금상첨화다. 상권이 활성화되어 있는 곳의 이면도로, 종種 상향 예정 지역, 신설 역세권을 눈여겨보는 게 좋다. 이미 상권이 성숙한 일반상업지역이나 중심상업지역에 있는 상가주택은 고객 확보에 유리하나 땅값이 비싸 투자금 대비 수익률이 떨어진다. 오히려 제2종일반주거지역, 준주거지역, 준

공업지역에 들어선 상가주택의 수익이 더 나을 수 있으니 눈여겨보는 것이 좋다.[16]

상가주택은 노후 대비로 손쉽게 생각할 수 있지만 복병도 많다. 할인점이나 인터넷 쇼핑몰이 급성장하면서 상가주택이 있는 골목길 상권이 타격을 받고 있어서다. 먹자골목이나 핫플레이스로 탈바꿈한 지역이라면 모를까, 대부분 이면도로의 상가주택은 수익률이 높지 않다. 특히 수도권 신도시 일대 상가주택 임대수익률은 연 2~3%에 머무르고 있는 곳도 많아 매매가격의 거품 여부를 체크해야 한다. 인근 상권과의 경쟁, 높은 상가 임대료로 기대보다 활성화되지 못해서다.

사실 상가주택의 경쟁력은 1층 상가에서 나온다. 상가주택은 1층의 임대료가 높을수록 가치가 높다. 1층에서 전체 임대료의 30% 이상 나와야 한다. 상가주택을 살 때는 상권의 활성화 정도를 눈여겨보라. 주택부문보다 상가부문으로 쓰는 면적이 많은 지역일수록 상권이 발달해 있다는 뜻이다. 유명 먹자골목이라면 건물의 대부분을 상가로 쓸 것이다. 건물에서 상가면적의 비중은 상권 활성화의 또 다른 지표가 된다. 요컨대 상가주택은 주택이 아니라 상가에 투자한다는 생각을 가져야 실패가 없다.

가끔은 역발상이 통한다

앞에서 언급한 것처럼 대체로 구릉지 상권은 기피의 대상이다. 하지만 경사를 활용해 더 높은 건물을 지을 수 있다면, 유동인구로 넘치는 지역이라면 상황은 달라진다. 경사지의 약점이 오히려 장점이 될 수 있다. 건축법상 지하층은 건물 연면적 계산 때는 포함되지만 용적률 계산 때는 제외된다. 경사지에서는 등기부등본상 지하층이 실제로는 지상층으로 활용되므로 같은 용적률이라도 평지 주택보다 더 넓은 건물을 짓는 효과가 있다.

다가구·다세대주택을 상가주택이나 근린생활시설로 용도변경할 때 경사지의 역발상 효과는 극대화된다. 지하층을 상가로 활용하면 접근성이 좋아져 입지적으로 고객 확보에 유리할 수 있기 때문이다. 다만 용도변경을 할 때 상가와 주택의 동선을 분리해 사생활 침해의 우려가 없도록 하는 게 좋다.

상가 투자는 세입자와 공동 창업하듯

"타인에게 원한을 사는 거래만큼은 하고 싶지 않다."

'일본 주식 투자의 대부' 고레카와 긴조是川銀蔵 의 부동산에 대한 시각은 부정적이다. 그는 자서전 《고레카와 긴조》에서 주식과 부동산을 비교하면서 주식 투자에 대해서는 장점을 늘어놓는다. 그가 말하는 주식 투자의 장점은 상대가 불특정 다수이고, 혼자 승부를 할 수 있으며, 얼마를 벌든지 누구에게도 원한을 사지 않는다는 것이다. 아마도 주식은 감정이입이 필요 없이 비대면적 채널을 통해 투자할 수 있기 때문이리라. 물론 주식도 작전이나 주가조작이 있을 경우 선의의 피해자가 발생할 수 있지만, 고레카와의 얘기는 일반적인 주식 투자의 특성이라고 보면 될 것 같다.[17]

부동산시장은 주식시장과 함께 자산시장의 양대 축이지만 주식시장과는 확실히 다르다. 매도자와 매수자든, 소유자와 세입자든 대부분 특정인과 일대일의 관계이므로 투자를 하거나 임대를 놓을 때 민낯을 드러낼 수밖에 없다. 특히 건물주 혹은 집주인과 세입자는 자주 이해가 상충한다. 예컨대 어떤 지역의 부동산 가격이 크게 올랐다고 가정하자. 소유자는 환호할 것이지만 세입자는 시무룩한 표정을 지을 것이다. 교환가치인 매매가격 상승은 시차를 두고 사용가치인 임대료 상승으로 이어지기 때문이다. 주택시장에서 집값 상승은 무주택 서민들에게 내 집 마련 기회가 더 멀어지게 한다.

주식은 그렇지 않다. 주식 가격, 즉 주가가 오르면 투자자뿐만 아니라 기업도 유상증자를 통해 자금을 융통할 수 있으니 이익이다. 하지만 부동산은 한쪽이 이익을 보면 다른 한쪽은 손해를 보는 '승패win-lose'의 속성을 갖고 있다. 부동산이 갖는 희비의 쌍곡선이다. 그런데 손해가 주로 약자의 몫이니까 문제다.

젠트리피케이션의 실체

요즘 회자되고 있는 젠트리피케이션gentrification은 건물주와 세입자는 상치관계라는 점을 읽게 한다. 원래 젠트리피케이션은 귀족 아래의 지주 계급, 즉 땅 부자를 뜻하는 젠트리gentry에서 파생된 말이다. 교양 있고 예의 바른 남성을 의미하는 젠틀맨 역시 젠트리에서 나온 것이다. 젠트리피케이션은 낙후된 구도심이 개발되면서 중상류층이 거주하는 고급주거지로 재탄생하는 것이다.

하지만 경제 현상은 때로는 희비가 엇갈린다. 도시는 새 단장을 하지만 세입자는 비싼 주거비를 감당하기 어려워 결국 외곽으로 밀려나는 부작용이 뒤따른다. 한동안 국내에서는 젠트리피케이션을 재개발에 따른 도심 르네상스나 도심 회춘에 초점을 맞춘 논의들이 많았다. 용산과 광화문 재개발이나 뉴타운 사업이 대표적이다. 하지만 최근 젠트리피케이션은 세입자의 한숨을 대변하는 '절망의 언어'가 되어버린 느낌이다. 주로 서촌이나 북촌, 가로수길 같은 핫플레이스에서 상권이 급부상하면서 파생된 높은 임대료 후폭풍 때문이다. 애초 교통 여건이 그다지 좋지 않은 골목길의 이들 지역에선 임대료가 저렴해 아기자기하고 개성 있는 가게들이 많았다. 하나의 문화상품으로 볼거리를 제공하는 가게들에 관광객과 쇼핑객이 몰려들었다. 그사이 땅값이 폭등하고 임대료도 덩달아 뛰었다. 임대료를 감당하지 못하는 세입자는 밀려나고, 그 빈자리를 대기업 프랜차이즈가 채우고 있다. 세입자들은 자신들이 애써 가꿔놓은 골목길에서 함께 번영을 누리기보다는 오히려 쫓겨나니 허탈감 속에 분노를 표출하고 있다.

결과적으로 젠트리피케이션은 부자(건물주 혹은 집주인)에게는 행복이 될 수 있지만 빈자(세입자)에게는 오히려 불행이 될 수 있는 것이다. 도심 부흥의 역설이다. 하지만 개성과 볼거리가 사라지는 평범한 골목길에 과연 언제까지 사람들의 발길이 이어질지는 의문이다. 사람의 발걸음이 끊어지면 상권은 금세 시들어진다. 그리고 한번 죽으면 되살리기 어려운 게 상권의 특징이다.

공생해야 오래간다

서울에 상가건물을 보유하고 있는 김상진(가명·67) 씨. 해마다 설·추석 때 건물 세입자 6명에게 마음의 선물을 보낸다. 지난 설 연휴에는 가게를 돌면서 작은 멸치 세트를 직접 건넸다. 소요된 비용은 20만 원 안팎이다. 김씨는 "세입자가 잘되어야 건물주도 잘되는 것이 아니겠느냐"며 "작은 선물은 세입자에게 고마움을 표시하기 위한 것"이라고 말했다. 김씨는 아침저녁으로 상가건물 앞 골목길 청소나 담배꽁초 줍는 일을 마다치 않는다. 주변이 깨끗해야 고객들이 많이 찾아올 것이라는 생각에서다. 그런 배려와 소통 덕분인지, 김씨는 세입자 문제로 골치를 크게 앓아본 적이 별로 없다.

상가 투자를 한다는 것은 건물주가 세입자와 함께 사업을 하는 것이다. 건물주는 자금을 대고, 세입자는 기술을 투자하는 공동 비즈니스다. 상가는 아파트와는 달리 한번 사면 팔기가 쉽지 않은 장기투자 상품이다. 건물주와 세입자의 공생은 안정적이고 지속적인 관계를 위한 필수 조건이다. 그래서 '멀리 가려면 함께 가라'는 말은 상가 투자 때 귀담아둬야 할 명언이다. 최근 한 먹자골목에서 '을(세입자)이 죽으면 갑(건물주)도 죽는다'는 플래카드를 봤는데, 세입자의 억지 논리는 아닌 것 같다.

다행히 요즘 곳곳에서 건물주와 세입자(상인)의 공생을 위한 노력이 엿보인다. 서로 힘을 합쳐 상권을 살리려는 것이다. 건물주와 세입자 공동으로 상가발전위원회를 구성, 축제를 열거나 심지어 건물주가 야간에 방범 도우미까지 나선다. 결국 세입자와 건물주가 뭉칠 때 장기적으로 공동의 이익이라는 것을 잘 알고 있기 때문이다. 장사가 잘돼야 임대료도 올라가는 법이다.

세입자가 좋아하는 상가

서울 노원구에 작은 상가건물을 갖고 있는 양지훈(가명·59) 씨. 그는 현금 10억 원으로 임대수익용 근린상가를 알아보고 있다. 은퇴를 앞두고 안정적인 월세를 받고 싶어서다. 매입할 상가를 둘러보면서 그가 느낀 것은 '상가 투자는 세입자의 시선으로 봐야 실패가 없다'는 점이다. 월세는 건물주나 중개업자가 아니라 세입자가 내기 때문이다. 장사를 하는 세입자가 보는 눈은 정확하다. 상가 입지를 평가할 때 주변 세입자 등 적어도 3명에게 반드시 탐문을 하는 게 좋다. 이들로부터 객관적인 의견을 종합해 상가의 가치를 따져보는 것이다. 그래도 미덥지 못하다면 장사를 하는 지인과 함께 현장을 답사하는 것도 괜찮다.

양씨 역시 음식점을 하는 고교 동창과 함께 현장을 둘러보며 입지를 검증할 예정이다. 양씨는 "세입자가 기피하는 지역의 상가를 사서 성공한 투자자는 없을 것"이라고 말했다. 양씨가 파악한 세입자 선호 상가는 유동인구가 많아 매출액이 꾸준한 곳이다. 가령 지하철 역 출구에서 10m 이내의 1층 코너상가나 대학교 후문은 접근성이 좋아 고객이 끊이지 않는다고 양씨는 말했다. 수요가 많은 상가는 세입자가 갑자기 가게를 비워도 공실이 생기지 않는다는 것이다.

요컨대 나이 들어 상가를 일일이 관리하기 어려우므로, 살 때 반드시 세입자의 선호도가 높은 곳을 골라야 속을 썩이지 않을 것이다. 실패하지 않는 상가 투자의 방법은 바로 세입자의 마음을 읽는 역지사지의 지혜다.

신규 상가의 임대료 거품은 왜 생길까

경기도 한 택지개발지구에 있는 근린상가 1층 42㎡(13평)를 5억 4,000만 원에 분양받은 송시수(가명 · 58) 씨는 상가만 생각하면 화가 치민다. 5년 전 입주 초기만 해도 보증금 5,000만 원에 매달 250만 원의 월세를 받았다. 연 6%의 수익률이다. 하지만 세입자가 두 차례 바뀌더니 요즘은 150만 원으로 뚝 떨어졌다. 송씨는 내수경기가 아무리 침체라고 하지만 임대료가 100만 원이나 떨어지는 게 이해하기 어렵다. 입주 초기 임대수익을 부풀리기 위해 시행사가 장난을 친 게 아닌지 의심이 간다. 송씨는 "선 임대 상가라서 안심하고 분양받았는데, 뒤통수를 맞은 기분"이라고 말했다.

신규 상가는 분양가나 임대료 모두 거품이 끼기 쉽다. 아파트는 분양을 받아 가끔 대박을 터뜨리지만 많은 경우 상가들은 계약자들의 기대에 못 미친다. 가장 큰 이유는 고분양가다. 개발에 대한 과도한 기대감으로 분양가가 처음부터 부풀려진다. 너무 높은 분양가는 소비자가 가져가야 할 이익을 공급자가 중간에 차지해버리는 꼴이다. 이러다 보니 소비자의 몫은 쥐꼬리 정도이거나 되레 손해를 보는 경우도 적지 않다. 한 상가 전문가는 "수도권에서 분양가 이하로 떨어지는 신규 분양 상가들이 30%가량 되는 것 같다. 상가 불패 신화는 옛말"이라고 말했다. 임대료도 시간이 갈수록 오르기는커녕 낮아지는 곳도 수두룩하다. 상권의 활성화 속도가 기대만큼 빠르지 않은 데다 초기 거품이 빠지기 때문이다. 요즘 신도시에서 1층 상가도 임차인을 찾지 못해 비어 있는 곳이 적지 않다. 분양가에 맞춰 임대료를 책정하다 보니 임대료가 터무니없이 비싸 세입자들이 입주를 꺼리기 때문이다.

또 신규 상가 임대차시장의 구조적 특성도 한몫한다. 상권 형성의 초창기에는 세입자들이 치러야 하는 '준 임대료' 성격의 권리금이 없는 경우가 많다. 이러다 보니 비싼 임대료를 내고서도 들어오려는 세입자들이 있기 마련이다. 요즘엔 아예 '권리금 장사'를 위해 신규 상권의 임대 점포를 노리는 고수들도 많다. 2~3년간 비싼 임대료를 부담하더라도 권리금으로 더 많은 이익을 얻을 수 있기 때문이다. 문제는 권리금을 내야 하는 그다음 세입자다. 권리금까지 내면 가게 운영의 채산성이 떨어져 최초 임대료를 감당하기 어렵다.

이 바람에 시장이 안정 단계로 접어들수록 임대수익 하락으로 이어지고, 시차를 두고 매매가격도 떨어져 적지 않은 상가계약자들이 이 중고를 겪는다.

물론 신규 상가를 분양받는다고 모두 실패하는 것은 아니다. 입지 여건이 좋은 곳에서는 투자자들이 수천만 원의 웃돈을 챙기고 쏠쏠한 임대수익을 올리기도 한다. 문제는 확률이다. 실패한 투자자들이 많다는 것을 타산지석으로 삼는 게 현명하다. 신도시 면적이나 인구 대비 상업용지 비율이 높거나 분양가가 터무니없이 비싼 곳은 피하고, 특히 웃돈을 주고 상가 분양권을 매입하는 것은 금물이다. 보수적인 은퇴자라면 신규 상가보다는 상권 성숙 지역을 고르는 것도 대안이 될 것이다.

임대수익률 제대로 계산하기

혹시 상가나 오피스텔 분양 모델하우스를 방문해본 적이 있는가. 임대수익률이 생각보다 높다고 느끼지 않았는가. 만약 그렇다면 계산법의 착시일 수 있다. 임대수익률을 계산하는 기준은 자기자본수익률ROE이다. 즉 대출을 제외하고 내 돈으로만 투자해 얻은 임대수익률인 ROE로 따지는 게 정확하다. 즉 12개월 치 월세를 매입 가격에 임대보증금을 뺀 실제 투자금액으로 나누는 방법이다.

$$\text{연간 임대수익률(\%)} = \frac{\text{월세} \times 12}{\text{매입가} - \text{임대보증금}} \times 100$$

이 같은 계산법은 명목 임대수익률을 산출할 때 흔히 쓰는 방법이다. 보다 정확하게 계산하기 위해서는 임대보증금을 금융기관에 맡겨 발생하는 이자, 취득세와 중개수수료 등을 다 포함해야 하지만 간단하게 계산할 땐 위 방법을 이용해도 좋다. 우리나라에서는 임대보증금을 세입자로부터 빌리는 무이자 대출금으로 간주하므로 아예 매입가에서 제외한 뒤 계산하는 것이다. 그런데 모델하우스에서 제시하는 계산법은 대출을 포함한 임대수익률일 가능성이 크다.

$$\text{대출 포함 연간 임대수익률(\%)} = \frac{(\text{월세} - \text{월 이자}) \times 12}{\text{매입가} - \text{임대보증금} - \text{대출금}} \times 100$$

대출 지렛대를 사용하면 수익률이 확 올라간다. 대출금리가 낮아 이자를 부담하더라도 실제 받을 수 있는 임대수익이 늘어나기 때문이다. 따라서 수익률 부풀리기 가능성이 있으므로 계산법을 꼼꼼히 따져보는 것이 중요하다. 명심할 것은 나중에 필요해서 대출을 받더라도 해당 상가의 임대수익에 대한 경쟁력 판단 기준은 ROE로 삼으라는 것이다.

또 매입하려는 상가건물의 임대차계약이 월세만 있는 게 아니라 전세가 섞여 있다고 하자. 임대수익률을 계산할 때 전세금은 '임대보증금' 항목에 넣어서 계산하는 게 좋을 것이다. 그리고 관리비와 부가세는 받더라도 이내 빠져나가는 돈이므로 임대수익률 계산 시 제외하라. 비임대수익을 포함하면 자칫 임대수익률이 뻥튀기될 수 있어서다.

꼬마빌딩 고르기, 40대 맞선 보듯이 하라

누구나 젊은 시절 맞선 한두 번쯤은 봤을 것이다. 우리나라에서 13년 동안 1,000번의 맞선을 본 40대 남성이 있다면? 믿기 어려울 것이다. 하지만 실화다. 외국 명문대 출신의 사업가인 이 남성은 180cm에 이르는 큰 키와 다부진 체격으로 인기가 높은 '훈남'이다. 기대치가 높다 보니 좋은 배필을 만나기 위해 수시로 맞선을 봤다. 그는 한 달에 3~4명은 기본, 많게는 10~12명까지 만났다. 선을 너무 많이 보다 보니 해프닝도 많았다. 한 여성과 여러 번 맞선을 보거나 맞선 여성이 친구 결혼식의 신부 쪽 하객으로 오는 경우도 있었다고 했다. 마침내 그는 다섯 살 연하의 천생배필을 만나 솔로 탈출에 성공했다.[18]

노총각의 맞선 스토리는 다소 엉뚱하지만, 고가의 상업용 부동산을 사려는 사람에게 시사하는 바가 적지 않다. 비표준화된 부동산은 많은 물건을 봐야 답이 나온다는 사실 말이다.

보는 만큼 보인다

요즘 '꼬마빌딩'의 몸값이 상한가다. 꼬마빌딩은 주로 20억~50억 원 정도의 중소규모 건물을 말한다. 흔히 볼 수 있는 지상 3~7층의 상가건물이나 작은 오피스 건물이다. 과거에 빌딩은 기업체들이 소유하는 건물이었다. 하지만 최근 들어 아파트값이 급등하면서 일반 개인도 아파트를 팔고 대출을 안으면 꼬마빌딩을 살 수 있게 됐다. 수요가 크게 늘면서 서울 강남권 일대에서는 없어서 못 팔 정도로 꼬마빌딩의 인기가 치솟고 있다.

문제는 사람들이 꼬마빌딩을 마치 아파트 사듯이 투자한다는 점이다. 꼬마빌딩은 아파트 같은 표준화된 부동산을 사는 방법과는 확실히 다르다. 가령 아파트는 각 세대 내부의 모양새가 똑같으므로 매입할 때 크게 신경 쓸 일이 별로 없다. 비로열층 아파트라면 로열층보다 가격을 약간 낮춰 구입하면 그만이다. 전세 낀 아파트를 살 때 세입자가 내부를 보여주기를 꺼리면 옆집을 보고 구입하는 '깜깜이 쇼핑'도 한다. 하지만 비표준화된 부동산은 같은 동네라도 골목길 사이를 두고 가치가 천양지차다. 그러므로 적어도 50개의 매물을 봐야 한다. 좋은 배필을 찾기 위해 맞선, 소개팅 등 다양한 방법을 이용하듯 꼬마빌딩도 리얼티코리아, 글로벌PMC 같은 빌딩중개법인, 지역중개업소 같은 여러 루트를 통해 최대한 많이 확보해서 보는 것이 좋다. 그사이 자신도 모르게 물건을 고르는 안목도 생길 것이다.

문제는 바쁜 당신이 그 많은 물건을 어떻게 다 볼 것인가 하는 점이다. 그래서 시간과 비용을 줄일 수 있는 효과적인 방법이 필요하다. 바로 맞선 보듯이 하는 것이다. 당신이 맞선시장에서 짝을 찾고 싶은 40대 싱글이라고 가정하자. 아무리 빨리 배필을 찾고 싶다고 하더라도 아무나 만날 수는 없을 것이다. 조건 없는 사랑은 20대라면 모를까, 이제 중년을 코앞에 둔 40대에게는 비현실적이다. 세상물정을 알 만큼 알기에 계산적 사랑을 한다. 그래서 맞선 제의가 들어오면 '학력 · 외모 · 직업' 등 조건을 따져보고 마음에 들어야 만남에 나설 것이다. 그래야 배필을 만나는 데 시간과 비용을 절약할 수 있을 테니까 말이다.

스마트폰으로 꼬마빌딩 감정하는 법

자연의 이치를 따지는 경험과학인 풍수 컨설팅을 하는 B씨. 컨설팅 요청이 들어온다고 무조건 현장에 나가는 게 아니다. 풍수나침반인 나경, 네이버나 다음 지도 속 방향, 등고선, 지형도, 항공뷰, 로드뷰 등을 통해 1차로 명당을 골라낸다. 그는 "요즘은 워낙 정보기술이 발달해 자료조사만으로도 80%는 분별할 수 있다"고 말했다.

꼬마빌딩을 고를 때 B씨처럼 문명의 이기를 최대한 이용하는 것도 좋다. 스마트폰 앱 '스마트국토정보'를 다운로드받아 활용하는 것이다. 스마트국토정보는 주로 도시 지역의 건물과 토지의 입지·가치, 규제사항을 파악하는 데 요긴하게 쓰인다. 또는 인터넷에서는 국토교통부가 운영하는 '일사편리 부동산 통합민원' 홈페이지(kras.go.kr)를 활용해도 된다.

꼬마빌딩 고르기의 시간 단축 방법은 '땅값은 세금을 매기는 기준인 공시지가의 2배 이내, 임대수익률은 연 4% 이상' 조건에 부합하는 물건을 찾아내 현장조사를 나가는 것이다. 부동산을 평가하는 방법은 여러 가지 있으나 꼬마빌딩은 아래의 두 가지 방법을 활용하는 게 좋다.

첫째, 매입가(건물분+토지분)에서 건물분 가격을 따져보자. 건물을 짓는 데 드는 비용은 서울, 부산 등 대도시와 시골 간에 큰 차이가 없을 것이다. 부동산업계에서는 건물이 어디에 있든 개략적으로 3.3㎡당(평당) 가격은 연면적 기준 '신축 400만 원', '10년 경과 200만 원'으로 계산한다. 건물의 경제적 수명은 40~50년이지만 20년이 넘으면 값어치가 없다고 보고 토지분에 포함해서 거래하는 경우가 많다. 꼬마빌딩을 구입하기 위해 현장을 둘러보면 다세대·다가구주택처럼 경제적 가치가 없는 낡은 건물이 많다는 사실을 알게 될 것이다. 결국 꼬마빌딩 역시 가치를 좌우하는 것은 입지적 가치, 즉 토지 가격인 셈이다.

건물분 가치를 계산한 뒤 매입가에서 이를 **빼면** 토지분 가격이 산출된다(매입가-건물분=토지분). 이때 토지분 가격이 일반적으로 공시지가의 2배 이내여야 한다. 개발 예정지 등 특별한 경우를 제외하곤 공시지가의 2배를 넘어서면 거품이 아닌지 체크해야 한다.

둘째, 임대수익률이다. 앞에서 언급한 대로 '연간 임대수익률(%)=(월세×12)/(매입가-임대보증금)×100'의 계산식을 활용하되 연 4% 이상을 찾아낸다. 꼬마빌딩에서 원룸이나 고시텔이 2개 층 이상 있을 경우 연 5% 이상으로 잡는 게 좋다.

이런 방법을 통해 매매가격과 임대수익 요건을 충족하는 물건을 골라내는 작업을 진행(1차)한다. 그다음 임장(현장 방문) 활동을 통해 입지나 유동인구, 건물의 상태를 면밀히 조사(2차)하는 것이다. 또한 부동산중개업소에 들러 최근 매매거래 사례와 비교함으로써 적정가치를 구하는 일도 병행하는 게 좋다. 네이버와 다음 지도의 로드뷰를 통해 최근 몇 년간 상권의 흐름을 체크하는 것도 필수다. 점포의 간판이 전혀 변화가 없다면 상권이 정체돼 있는 곳이다.

요컨대 자료조사 단계에서 비우량물건을 골라내야 힘들이지 않고 원하는 알짜물건을 얻을 수 있다. 의욕만 앞세워 많은 물건을 보려고 무작정 현장을 찾았다가는 제품에 지쳐 중도에 그만두기 십상이다. 생업이 바쁘거나 전문 지식이 없는 사람이라면 금융권의 부동산 투자자문 서비스를 이용하는 것도 효율적인 방법이다. 요컨대 꼬마빌딩을 살 때도 '최소 비용으로 최대 효과'라는 경제적 접근이 필요하다.

분자를 키우기 어렵다면 분모를 줄여라

요즘 꼬마빌딩 구입 바람이 불면서 가격이 급등한 곳이 많다. 아무리 좋은 입지에 좋은 부동산을 고르더라도 비싸게 구입하면 소용이 없다. 세상사 그렇듯 열풍이 있으면 반드시 후유증이 있기 마련이다. 나중에 금리가 오르거나 시장이 침체되면 매매가격이 하락하거나 임대료가 떨어질 수 있다. 이런 상황에서 대안은 두 가지다. 첫째, 불황에도 끄떡없는 입지 경쟁력을 갖춘 곳을 찾아내는 것이다. 하지만 이런 곳은 막상 매물을 발견하기가 쉽지 않다. 가뭄에 콩 나듯이 아주 가끔 나온다. 둘째, 개인이 쉽게 할 수 있는 방법으로 가격 경쟁력이 있는 건물을 찾는 것이다. 싼 물건은 다리품을 팔면 충분히 찾아낼 수 있다. 가격이 싸면 모든 게 용서되는 법이다.

꼬마빌딩의 임대수익률을 올릴 방법은 없을까? 모든 투자자의 고민이다. 임차인을 재구성해서 임대료를 더 받는 방법을 생각해볼 수 있다. 하지만 너무 높은 임대료 요구는 자칫 세입자 이탈로 공실을 부를 수 있다. 대체로 임대료는 주변 시세 이상 받기 어렵다. 말하자면 주변 임대료 시세가 올라야 내 빌딩 임대료도 올라가는 법이다. 꼬마빌딩이 들어서는 상권은 워낙 변화무쌍한 경향이 있어 미래를 점치기도 어렵다.

이런 상황에서는 임대수익률을 올리는 방법으로 매입가를 낮추는 것도 또 다른 대안이다. 임대수익률은 매매가격과 임대수익 간의 상대적 비율이다. 분모인 매매가격이 낮아지면 분자인 임대수익 총액이 변하지 않더라도 임대수익률은 올라간다. 결국 싸게 사야 임대수익률도 높일 수 있다는 얘기다.

다만 임대수익이 높을수록 좋지만, 주변보다 턱없이 높다면 조작 가능성이 없는지 체크해야 한다. 매도자로부터 받은 임대차계약서가 허위일 경우 매매계약을 무효로 한다는 내용을 특약사항에 넣어두는 것도 좋다.

신축이나 리모델링을 통해 임대수익을 늘리는 방법도 고려해볼 만하다. 다만 세입자의 명도 문제와 비용이 뒤따른다. 리모델링 비용은 건물 연면적 기준 3.3㎡당 200만~250만 원으로 신축 비용(400만 원 안팎)보다 저렴한 편이다. 신축과 리모델링을 할 때 해당 지역의 지구단위계획, 정화조, 건축선, 주차시설, 용적률, 건폐율 등을 종합적으로 고려해 판단하는 게 좋다.

건물주들의 최대 고민, 공실

요즘 실물경기가 침체되면서 꼬마빌딩 주인들이 공실 문제로 골머리를 앓고 있다. 상대적으로 입지 여건이 떨어지는 이면도로에 있는 탓에 임차인 구하기가 어려워서다. 오죽하면 '공실 공포'라는 말까지 생겨났을까. 임대수요가 많은 강남권에서조차 사무실 공실이 적지 않다. 우리나라 경제도 성숙 단계로 접어들면서 경기가 크게 좋아지지 않을 것이다. 따라서 공실 문제는 단기간 해소되기는 어렵다.

그나마 공실 공포에서 벗어나는 차선책은 오래 임차할 수 있는 세입자로 건물 공간을 채우는 것이다. 일반적으로 음식점, 커피숍, 편의점 등 리테일 업종은 영업을 하기 위해 시설이나 인테리어에 투자를 할 수밖에 없다. 게다가 기존 세입자에게 권리금을 주는 경우도 적지 않을 것이다. 이러다 보니 임차인의 공실 발생에 대한 우려가 일반 사무실에 비해 덜한 편이다. 사무실은 권리금이 없는 데다 이렇다 할 시설 투자가 없어 더 싼 곳이 있으면 쉽게 옮긴다. 따라서 공실 공포에서 벗어나려면 유동인구가 많은 역세권이나 먹자골목으로 압축한 뒤 리테일 비중이 높은 꼬마빌딩을 고르는 게 유리하다. 다만, 최근 들어 부정청탁금지법(김영란법) 시행으로 고급 음식점, 유흥주점, 노래방 등은 매출이 크게 줄고 있어 주의가 필요하다. 꼬마빌딩 내 이런 업종의 일부 세입자는 폐업을 하거나 업종 변경을 해야 하므로 임대수익이 일시적으로 줄어들 수 있다는 점은 알아두자.

꼬마빌딩 소유자들의 얘기를 들어보면 최대 고민은 3층 이상의 공간을 어떻게 채울 것인가 하는 점이다. 1, 2층은 어지간해서 공실이 생기지 않지만 고층으로 올라갈수록 공실의 위험성이 커진다. 만약 고층 일부를 직접 쓰는 실수요 겸 투자라면 빌딩 선택이 그나마 수월하다. 하지만 전 층을 임대하는 투자자 입장에서는 상층부 공실 대책을 마련한 뒤 매입 여부를 결정하는 게 바람직하다. 또, 한 임차인에게 건물 전체를 세놓은 '통 임대' 건물의 경우 관리가 편하고 수익률도 높지만 공실에 따른 위험은 크다. 임차인이 갑자기 사무실을 비울 때 '임대료 절벽'이 생길 수 있으므로 여러 임차인에게 세 놓은 건물을 고르는 게 낫다.

다리품을 팔 때 고개를 들어 꼬마빌딩의 꼭대기 층까지 올려다보라. 중간이나 꼭대기 층에 원룸(혹은 고시텔)이 보이는가? 그렇다면 그곳은 핵심 상권에서 벗어난 변두리 상권이거나 아직 중심상권의 힘이 그곳까지 미치지 않고 있다는 방증이다. '만만한 게 원룸'이라는 말이 있다. 상가 임차인을 구하기 어려운 건물주 입장에서 쉽게 떠올릴 수 있는 것이 원룸이기 때문이다.

오피스 중심의 꼬마빌딩일수록 공실을 줄일 수 있는 또 다른 조건은 주차 여건이다. 진입로는 차량이 지나다닐 수 있도록 최소 폭 8m, 건물 연면적 50평당 주차 1대 요건을 갖추는 게 좋다. 주차시설은 기계식보다는 운전자 스스로가 차량을 이동시키는 자주식自走式이 선호된다.

나이가 들수록 아래로 내려와라

지난해 경기도에서 꼬마빌딩을 구입한 송재섭(가명 · 69) 씨는 요즘 후회막급한 심정이다. 8층짜리 빌딩의 임차인인 학원, 병원들과 임대료 인하 문제로 연일 신경전을 벌이고 있어서다. 한두 곳도 아니고 다섯 곳이나 영업 부진을 이유로 대폭적인 임대료 인하를 요구하고 있다. 요구를 거부할 경우 세입자들은 계약 만료 뒤에는 다른 곳으로 옮기겠다고 압박하고 있다. 경기 부진으로 공실을 메우기 쉽지 않은 현실에서 진퇴양난이다. 송씨는 "무엇보다 나이가 들어서인지 건물관리가 힘에 부친다"고 말했다.

일반적으로 빌딩이 높을수록 건물관리에 인력과 시간이 소요될 수밖에 없다. 사소한 일은 관리인에게 맡기더라도 임대료 책정, 공실 등 결정적인 문제는 건물주가 나서야 한다. 젊었을 때라면 모를까, 65~70세 이후에는 높은 층의 빌딩을 사는 것은 바람직하지 않은 것 같다. 일반적으로 층수가 많다는 것은 건물 연면적이 넓고 세입자 역시 많다는 것을 뜻한다. 특수한 경우를 제외하면 나이 들어 높은 빌딩을 사는 것은 애물단지가 될 수 있으므로 신중하라. 나이가 들수록 아래로 내려오라고 주문하는 것도 이 때문이다.

젊었을 때는 먼 미래를 보고 땅이 넓은 단독건물을 사는 게 유리하다. 하지만 투자는 선택이다. 나이가 들면 불확실한 미래보다 현재의 행복이 더 소중할 수 있다. 지금 마음 편한 게 최고다. 그런 측면에서 나이가 들면 단독건물보다는 구분상가(층·호수별로 구분 등기된 개별 점포)의 1층 커피숍 등이 좋을 수 있다. 구분상가는 땅 지분이 많지 않아 가격이 잘 오르지 않는다. 하지만 크게 신경 쓸 일 없고 월급 타듯이 임대료를 안정적으로 받는다면 훨씬 나은 답이 될 수 있다는 것이다.

공동투자보다는 단독투자가 속 편하다

견물생심이라고 했던가. 물건을 보면 눈높이가 높아지고 욕심도 생기는 법이다. 가령 30억 원짜리 빌딩을 사겠다고 계획을 세우지만 막상 눈에 들어오는 것은 40억 원짜리다. 애초보다 눈높이를 낮춰 20억 원짜리 빌딩을 사는 '알뜰 소비족'은 생각보다 드물다. 많은 사람이 돈에 물건을 맞추지 않고 물건에 돈을 맞추려고 한다. 이러다 보니 대부분 자금조달 문제로 곤경에 처한다. 막상 빌딩을 매입하고 나면 예상치 못한 수리비 등 추가 비용이 들어간다. 건물 내부에 유흥주점이 있으면 해당 면적만큼 취득세가 중과된다. 대출을 이용하면 가능할지 모르지만 빚이 너무 많으면 오히려 독이 된다.

그러므로 꼬마빌딩을 사기 위해선 보유 부동산이나 금융자산을 미리 팔아 예산을 넉넉하게 만들어놓는 게 좋다. 원룸이 있는 꼬마빌딩은 이른바 '방 공제'인 최우선변제금액만큼 담보대출 한도가 줄어들 수 있다는 점도 고려해야 할 것이다. 또 각 금융기관의 임대사업자에 대한 대출 제한으로 일정 기간 빌리지 못하는 경우도 있으니 사전에 대출 가능 금액과 기간을 파악해둬야 뒤탈이 없다.

또 요즘 꼬마빌딩을 살 때 자금 추적을 피하고 세금을 줄이기 위해 명의를 분산하고 대출을 끼는 경우가 많다. 공동명의의 임대사업자는 자칫 대출이자의 경비처리가 되지 않을 수 있으니 주의하라. 출자를 위한 대출이 아니라 임대사업에 필요한 대출로 인정받아야 이자의 경비처리가 가능하다는 얘기다. 임대사업자 등록을 마친 뒤 대출을 받고 매매계약 이전에 동업계약서를 작성하는 것이 중요하다. 동업계약서에 '대출 이자는 공동사업의 경비로 공제하고 남은 임대수익을 배분한다'는 내용과 함께 지분율, 공동경영 계획 등을 기재하는 것을 잊지 말아야 한다.

그보다 더 중요한 것은 특별한 경우가 아니고서는 빌딩은 공동투자를 삼가야 한다는 것이다. 처음에는 의기투합해서 공동투자를 하더라도 중간에 사소한 운영 문제를 놓고 갈등을 빚는 경우가 적지 않아서다. 돈이 모자라면 다소 작더라도 빌딩을 혼자 사는 게 속이 편하다.

노후 걱정 없는
부동산 재설계

부동산은 재테크보다 보험의 관점으로

최근 두 달 새 종신보험과 실손보험에 잇따라 가입한 샐러리맨 전상국(가명·45) 씨는 마음이 놓인다. 2개의 보험에 가입해뒀으니 사고가 나거나 아파도 돈 걱정을 덜 수 있어서다. 만약 전씨에게 아무 일이 없다면 당장 탈 수 있는 보험금이 없어 생활에 별다른 도움이 되진 않는다. 앞날은 알 수 없는 법. 이렇다 할 재산이 없는 그에게 보험은 심리적, 재정적인 안정 효과가 크다. 전씨는 "보험이 완벽하지는 않지만 무슨 일이 생겨도 경제적으로 나락으로 떨어지지 않을 것 같아 안심이 된다"고 말했다.

지난해 서울에서 상가주택을 경매로 낙찰한 송진국(가명·65) 씨. 그는 매달 상가주택에서 210만 원의 월세를 받는다. 약간의 국민연금에 월세를 보태면, 노후 생활비로 충분하지는 않지만 그래도 만족하고 산다. 그동안 큰 수익을 얻기 위해 주식형펀드 등 각종 금융상품에 가입했지만 오히려 손해만 봤다. 직접 주식에 투자할 때 주가가 떨어지는 날에는 밤잠을 설쳤다. 지금 상가주택은 시세차익을 크게 기대하기 힘들고 임대수익률도 연 3.9%에 그치지만, 마음은 편하다. 그는 "상가주택이 오르는 것보다 월세만 안정적으로 나오면 된다는 생각"이라며 "확실히 주식보다 신경이 덜 쓰인다"고 말했다.

전씨의 보험과 송씨의 상가주택은 불확실한 미래의 삶을 보장하는 완벽한 자산은 되기 어렵다. 최상의 포트폴리오 역시 되지 않을 수 있다. 하지만 중요한 것은 그나마 자신이 기댈 수 있는 언덕이라는 점, 벼랑 끝으로 떨어지는 것을 막아주는 버팀목 역할은 해줄 것이라는 점이다. 그런 점에서 보험과 부동산은 서로 닮았다. 가격이 크게 오르지 않는 저성장 시대에 부동산에 대한 시각은 보험으로서 받아들이는 것이다. 대박보다는 쪽박을 피하는 수단으로 바라보는 인식의 전환이다.

사실 부동산을 기반으로 하는 노후 복지는 바위처럼 굳건한 게 아니라 흔들리는 사적 안전망이다. 부동산에 대한 맹목적 사랑은 위험하다. 부동산은 당신을 영원히 지켜주지 않는다. 과열 분위기에 휩쓸리거나 과도한 대출을 안고 투자했다가는 부동산이 오히려 당신을 언제든지 배반할 수 있다. 무리한 투자는 후유증을 낳는다는 것은 부동산이나 다른 자산 투자 시에도 나타나는 공통의 진리다. 부동산에 대한 무조건적인 혐오론이나 예찬론은 금물이다. 이제는 부동산의 상대적 가치를 따지는 게 중요하다. 부동산이 위험하다고 하지만, 그래도 주식 같은 변동성 자산보다는 덜 위험하다. 일반적으로 부동산은 주식보다 가격이 심하게 요동치지 않아 멀미날 일이 없다. 사기를 당하지 않는 한 투자금을 다 날릴 가능성 역시 낮다. 실물자산은 휴지가 되는 일은 거의 없기 때문이다. 나이 들어 부동산이 자산구성에서 여전히 중요한 부분을 차지할 수밖에 없는 이유다. 노후 설계에서 부동산의 가치를 좀 더 논의해보자.

때로는 차선이 현명하다

'복팔분腹八分'이라는 말을 들어본 적이 있는가. 복팔분은 위를 80% 정도만 채워 다소 덜 먹는 식습관을 말한다. 일본 속담에 '복팔분의 습관을 지키면 의사가 필요 없다'고 했다.[1] 당장은 위를 꽉 채우는 것이 만족스러울 것이다. 하지만 약간 부족하게 먹는 게 오히려 더 좋은 컨디션을 유지할 수 있어 장기적으로 더 나은 선택이 될 수 있다. 복팔분의 지혜는 나이 들어 자산 재설계를 할 때 그대로 통용된다. 즉, 당장의 최선보다 차선이 나을 수 있다는 슬기다.

가끔 어르신들로부터 "조금 부족하더라도 마음 편한 게 낫다"라는 말을 들을 것이다. 최고의 수익률은 누구나 추구하고 싶은 목표다. 하지만 이러한 목표를 달성하기 위해서 반드시 수반되어야 하는 게 있다. 바로 스트레스다. 스트레스를 견딜 수 없는 성격이라면 최고보다는 한 단계 아래를 선택하는 것이 현실적인 대안이 될 것이다. 혹시 요즘 돈 문제로 머리가 아프다면 자산의 가짓수가 너무 많지는 않은지, 너무 고수익 구조로 설계되어 있지는 않은지 생각해보라.

부동산자산은 금융자산보다 비효율적인 자산이고 때로는 비합리적인 자산이다. 합리적인 포트폴리오 구성 측면에서 보면 나이 들어 부동산을 늘리는 것은 바람직하지 못하다. 하지만 내 마음이 편안하다면, 부동산은 무조건 배척의 대상은 아니다. 즉 부동산은 자산 설계에서 플랜 A(최선)가 아니라 플랜 B(차선)로서 충분한 가치를 지닌다. 가끔은 사람에 따라 플랜 B가 플랜 A보다 나은 경우도 있을 것이다. 요컨대 나이 들어 부동산은 효율적인 자산관리는 아닐 수 있어도 현명한 자산관리를 하는 데 도움을 줄 수 있다는 얘기다.

재산 불리기보다 망하지 않는 법을 배워라

"그냥 공을 넘기기만 하면 이긴다."
남자들은 평소 운동을 좋아하지 않아도 족구는 즐긴다. 일반인들이 모여 하는 동네 아마추어 족구를 가만히 지켜보라. 아마도 응원석에서 안전 위주의 경기를 주문하는 함성을 자주 듣게 될 것이다. 동네 아마추어 족구에선 무리한 공격은 오히려 화를 부른다. 침착하게 네트 너머로 공을 잘 넘기기만 하면 승자가 될 수 있다. 말하자면 실수를 하지 않는 게 동네 아마추어 족구의 승리법이다.

일반인들은 부동산이나 금융 재테크를 전업으로 할 수 없다. 대부분 바쁜 생업 탓에 아마추어 수준에서 크게 벗어나지 못한다. 이런 상황에서 일반인들에게 필요한 것은 동네 아마추어 족구처럼 실수를 하지 않는 법을 배우는 것이다. 많은 사람이 재테크를 '재산 불리는 기술'이라고 생각하지만 나이 들어선 생각을 바꿔야 한다. 이보다 더 중요한 것은 잃지 않는 법, 망하지 않는 법, 거덜 나지 않는 법을 배우는 것이다. 재테크를 잘못했다면 모를까, 재테크를 하지 않아 노후에 파산했다는 소식은 들은 적이 없다. 무리한 투자는 반드시 후유증을 동반하고, 그나마 있는 재산을 다 날릴 수도 있다.

부동산시장에서 큰돈을 벌고 싶은가. 하지만 당신이 그렇게 닮고 싶어 하는 부자는 시장을 통해 부를 늘리지 않고 유지할 뿐이다.[2] 즉 갖고 있는 돈을 시장에서 탈탈 털리지 않고 지키는 능력이 부자의 마인드이고, 노후에 가장 새겨들어야 할 금언이다.

위험자산을 걸러내는 안목

노후 자산 재설계에서 잊지 말아야 할 또 하나의 키포인트는 부동산과 금융자산이라는 이분법적 분류법에 함몰되지 않는 것이다. 부동산은 실물이 존재하고 금융자산은 실물이 없으므로 쉽게 분류할 수 있어 유용하다. 다만 노후 자산 재설계에서 물리적인 분류법보다 더 중요한 것은 자산의 위험도에 따라 분류하는 것이다. 이른바 안전자산과 위험자산으로 나눠 체계적으로 관리하는 게 필요하다. 나이 들어서는 위험자산은 줄이고 안전자산을 늘리는 게 좋을 것이다.

부동산은 어떤가? 부동산은 입지와 상품에 따라 위험자산이 될 수도, 비교적 안전한 자산이 될 수도 있다. 만약 위험자산이라고 판단된다면 당연히 줄이는 게 현명하다. 반대로 안전자산의 성격이 강하다면 오히려 늘리는 게 맞다. 물론 부동산이든 금융자산이든 100% 안전자산, 즉 절대적 안전자산은 없다. 특정 자산에 대한 고정관념이나 편견은 금물이다. 무엇보다 부동산이나 금융자산을 전체 포트폴리오의 한 부분으로 받아들이는 열린 자세가 필요하다. 즉 굳이 칸막이로 나누기보다는 통섭(융합 또는 통합)의 관점에서 접근하는 것이다.

이제는 부동산을 볼 때 안전자산과 위험자산을 걸러낼 수 있는 안목이 중요하다. 그렇다면 어떻게 이 둘을 구분할까? 상식선에서 생각하면 답이 나온다. 마음이 편안하다면 늘리고 신경이 많이 쓰이거나 불안하다면 줄여라. 좀 더 구체적으로 이야기해보자. 산업단지나 기업이 들어서 인구가 늘어나는 지역의 부동산, 골목길보다는 대로변 부동산, 가격이 급등락하지 않는 부동산, 불황에 강한 초역세권 부동산은 일종의 상대적 안전자산이므로 늘려도 좋다. 하지만 비안전자산에 속하는 부동산은 시기를 따지지 말고 줄여라. 개인적으로 가장 큰 위험자산은 각종 온라인, 오프라인 매체에 요란하게 광고하는 부동산인 것 같다. 거칠게 말해 길거리의 현란한 플래카드 광고를 보고 부동산을 사지만 않아도 노후의 삶이 덜 고달파진다.

부러우면 지는 거다

임연선어 臨淵羨魚 라는 한자성어가 있다. 못에서 물고기를 부러워한다는 뜻이다. 이 말은 중국 전한 시대의 책《회남자》에 나오는 '임연선어불여퇴이결망 臨淵羨魚不如退而結網(못에서 물고기를 보고 부러워하느니 돌아가서 그물을 짜는 게 낫다)'을 줄인 것이다. 헛되이 행복을 바라기보다는 물러서서 행복을 얻을 방법을 강구하는 게 낫다는 뜻이다.³ 남의 떡이 커 보이고, 나 자신은 왠지 초라해 보인다. 하지만 '부러우면 지는 거다'라는 요즘 유행어를 귀담아들을 필요가 있다. 내 삶에 대한 자존감 높이기, 때로는 무한 긍정이 요구된다.

"자신을 다른 사람과 비교하지 않는 것이 행복의 첫 출발"이라고 한 소설《구뻬 씨의 행복 여행》속 주인공의 말은 노후 재설계에서도 적용된다. 만점짜리 답안을 나에게 기계적으로 접목하는 것은 바람직하지 않다. 그것은 남의 답안이지 내 것은 아니다. 부동산 재설계는 1, 2, 3안을 설정한 뒤 내 형편에 맞는 최적 안을 고르는 것이 더 현실적이다.

예를 들어보자. 충남 공주에 사는 박송진(가명·57) 씨는 10억 원의 여유자금으로 다가구주택을 사서 월세를 받고 싶다. 오로지 향후 재산적 가치를 고려한다면 서울을 1순위로 꼽을 수 있겠지만 거리가 너무 멀고 관리가 어렵다는 게 부담이었다. 그다음 평택시를 2순위, 천안시를 3순위로 생각하고 저울질했다. 열흘을 고민하고 현장을 방문한 끝에 박씨는 3순위인 천안시를 최종 선택했다. 승용차로

30분 거리일 만큼 가까워서 관리가 가능한 데다 대학가여서 주택 임대사업을 하기 좋을 것으로 판단했기 때문이다. 평택도 나름대로 장기적 비전은 높았지만 노모 봉양 문제로 가능한 한 근거리에 투자 하는 게 낫겠다는 생각도 들었다. 박씨는 "돈 많은 사람을 무조건 따라 하기보다 자신의 자금력, 지역 등을 요모조모 따져 답을 찾는 게 슬기로운 부동산 재설계 방법인 것 같다"고 말했다.

'30 : 30 룰'을 지켜라

"대출을 얼마 받는 게 적정한가요?" 부동산을 사려는 사람들에게 의외로 많이 듣는 질문이다. 보험으로서 부동산이 되기 위해서는 대출금이 집값의 30%를 넘지 않는 게 좋다. 또 매달 갚는 대출 원리금 이 월 급여의 30% 이내가 바람직하다. 집값이 크게 오른다면 지렛 대 효과를 극대화하는 것이 좋을 것이다. 최대의 대출로 최대의 수익을 거두는 효율적인 자산관리 전략이다. 하지만 부동산시장은 고령화와 저출산의 영향으로 이미 저성장 시대로 접어들었다. 가격이 크게 오르지 않는 상황에서 무리한 레버리지는 언덕이 아니라 무거운 짐이 될 뿐이다. '연을 날릴 때는 연줄을 모두 풀지 않는다' 는 증시 격언은 교훈적이다. 그런 측면에서 '30 : 30 룰'은 보수적 투자자가 갖춰야 할 대출의 한도다.

집은 산다는 것은 생애 최대 쇼핑이라고 할 정도로 목돈이 들어가는 만큼 대출은 필수적이다. 효과적인 내 집 마련의 방법은 없을까. 필자가 추천하는 내 집 마련 방법은 점프 전략보다는 사다리 전략이다. 점프 전략은 대출이라는 지렛대 효과를 통해 단박에 목표를 이루려는 전략이지만, 사다리는 2~3차례에 걸쳐 목표를 향해 차근차근 올라가는 전략이다. 잔뜩 빚을 내서 처음부터 너무 비싼 집을 선택하기보다 애초 생각보다 한 단계 낮은 아파트를 사서 거주하다가 돈을 모아 좋은 곳으로 옮기는 단계별 방안이다.

만약 수익형 부동산을 사더라도 대출은 장기적으로 부동산 가격의 30% 이내가 좋을 것이다. 만약 대출이자를 비용으로 처리하기 위해 일시적으로 그 이상 대출을 받는다고 하더라도 50%를 넘지 않는 게 좋다. 그리고 3개월 이내에 현금화할 수 있는 자산이나 여유자금을 항상 마련해둬야 한다. 갑자기 세입자가 나가면서 생길 수 있는 보증금 반환과 공실에 따른 비용 등을 염두에 둬야 하기 때문이다. 집을 사든 건물을 사든 보수적인 스타일이 아무래도 마음이 편하다.

사고팔 때도 로드맵이 필요하다

당신이 부산에서 유럽으로 가는 컨테이너선을 운항하는 선장이라고 가정하자. 항해술에 능수능란한 베테랑 선장이라고 하더라도 거친 파도와 바람, 불규칙한 해류에서 벗어날 수는 없다. 하지만 성질이 난다고 바다와 싸운다면 현명하지 못한 일이다. 지혜로운 방법은 바다를 잘 이용하는 것이다. 그래야 목적지까지 무사히 도착할 수 있을 것이다.

마찬가지로 자산 재설계에서도 시장과 싸우기보다는 시장을 잘 활용하는 것이 좋다. 시장은 바다의 파도와 같다. 하루도 가만히 있지 않고 수시로 출렁이며, 때로는 격랑에 휩싸인다. 부동산이 안 팔린다고 시장에 화를 내거나 대드는 것은 현명하지 못하다. 사람을 대하듯 감정을 가지고 시장을 대하지 마라. 시장은 나보다 IQ가 훨씬 높으니 얕보지도 마라. 가령 당신이 전문가라고 해도 IQ가 잘해야 140이지만, 시장은 300을 넘는다.

이러다 보니 제아무리 전문가라도 개인이 시장을 이길 수 없고, 시장의 앞날을 예측해도 잘 맞지 않는 것이다. 시장의 흐름을 겸허하게 받아들여라. 그리고 잔파도에 일희일비하지 않고 시장의 큰 흐름을 타면서 성공적으로 재설계를 마치는 게 중요하다. 너무 서두를 필요는 없다. 부동산 재설계는 하루아침에 끝내는 것이 아니라 인내력을 갖고 추진해야 이룰 수 있는 중기과제이기 때문이다.

무엇을 사고팔 것인가

전체 자산의 포트폴리오를 재구성하기 위해서는 먼저 부동산 재설계부터 시작해야 한다. 보유가치가 없는 것은 처분하고, 가치가 있다면 오히려 더 매입하는 전략이 될 것이다. 부동산 재설계를 위해선 3~5년 정도 로드맵을 짜는 것이 필요하다. 생각보다 부동산이 팔리지 않을 수 있어서다. 너무 서두르면 오히려 일을 그르치거나 중도에 포기할 가능성이 크다. 시장은 오르락내리락을 반복할 것이므로 기회를 침착하게 활용하는 것이 중요하다.

나이 들어 과연 어떤 부동산을 사고팔 것인가. 복잡하게 생각하지 말고 딱 한 가지 포인트를 두고 판단하라.

'자산asset'인 부동산을 가져라. 이때 자산이란 나 자신의 소유 욕망이 아니라 여러 시장 참여자의 소유 욕망을 더 고려해야 한다. 자산이 되기 위해서는 '내가 아니라 다수의 타인이 적어도 같은 것을 하나 더 갖고 싶어 하는 것'이어야 한다.

예를 들어보자. 수백억대 자산가인 60대 A씨는 고급 주상복합아파트 80평형에 살고 있다. 그런데 옆 동 같은 평수의 아파트가 3,000만 원 싸게 나왔다. A씨는 이걸 매입할까? 굳이 필요도 없고, 크게 싼 것도 아니며, 투자가치도 크지 않다고 판단해 매입을 꺼릴 것이다. 만약 그렇다면 그 주상복합아파트는 부의 상징이거나 재산 목록에는 들어갈지 모르지만 '같은 것을 하나 더 갖고 싶은 욕망의 대상'인 자산은 아닐 것이다.

이번엔 다른 사례를 살펴보자. 지하철역 출구에서 1m 이내에 있는 1층 편의점을 보유한 B씨. 유동인구가 많아 공실이 생길 가능성이 적고, 임대수익률이 연 5.5%에 달해 만족하고 있다. 마침 바로 옆 화장품가게가 매물로 나왔다. 이 가게는 편의점의 복제품처럼 크기나 수익률이 같다고 하자. 만약 B씨가 자금 여유가 있다면 화장품가게를 매입하지 않을까? 그렇다면 이 가게는 자산의 범주에 해당할 수 있을 것이다. 따라서 빌딩이나 아파트를 매입하기 전에 해당 부동산 앞에 서서 눈을 감고 한번 생각해보라. 바로 자산적 가치를 따져보는 것이다.

아마도 현금흐름이 잘 나오는 도심의 부동산은 남들도 하나 더 갖고 싶은 대상인 자산이 될 수 있을 것이다. 다만 자산은 가격 변동성이 심한 게 문제다. 시장 참여자들이 선호하는 부동산은 쏠림 현상에 따른 과열로 가격이 일시적으로 오버슈팅(고평가)되는 경우도 적지 않다. 따라서 분위기에 휩쓸리지 않고 느긋하게 저가에 매수한 다는 전략을 세우는 것이 좋다.

자신에게 제출하는 답안지를 만들어라

부동산 재설계의 첫 출발은 방향을 명확히 설정하는 것이다. 목표 없이는 나침반 없이 떠나는 항해나 다름없다. 목표가 명확해야 의식 적으로 얻기 위한 노력을 하게 될 뿐만 아니라 우왕좌왕하지 않고 중도하차도 하지 않는다.

우선, 부동산을 사는 목적이 분명해야 한다. 목적에 따라 고르는 적합한 부동산이 다를 수 있어서다. 가령 시세차익용인지, 월세 받기용인지, 아니면 자녀 증여용인지를 구분해야 한다. 시세차익이라면 서울이 낫겠지만 월세 수익만 생각한다면 지방이 유리할 수도 있을 것이다.

또 철저한 시장조사를 통해 각자 맞춤형 정답을 찾는 게 중요하다. 서울로 가는 방법에 여러 가지가 있듯이 부동산으로 월세를 받는 방법 역시 다양하다. 가령 소형아파트 3채나 오피스텔 5채를 사서 월세를 받는 사람이 있고, 아예 월세가 나오는 2개의 상가를 매입해 노후를 준비하는 사람도 있다. 아파트 · 오피스텔 · 상가를 적절히 섞거나, 아예 자금을 모아 소형 빌딩이나 물류창고를 구입하는 사람도 없지 않다. 과연 어떤 부동산을 사야 나에게 맞는 노후 재설계 방안이 될까. 상상은 쉽게 할 수 있지만, 구체적인 단계로 들어가면 답안 찾기는 녹록지 않다. 부동산 나름대로 장단점이 다 있고 자신이 처한 상황도 고려해야 하기 때문이다.

그러니 1년간은 부동산 현장을 직접 조사하면서 느껴보라. 시기를 좀 늦춘다고 부동산이 어디로 달아나는 것도 아니다. 충분히 조사한 뒤 자신에게 제출하는 답안지를 만들어라. 누가 "왜 하필 그부동산으로 노후 설계를 하려는 건가?"라고 물으면 금세 답변할 수 있어야 한다. 그 정도는 논리적 무장이 되어야 부동산 재설계 방안을 제대로 수립했다고 볼 수 있을 것이다.

누구에게나 변화는 두렵다

서울에 아파트 2채와 구분상가 1개를 갖고 있는 장재원(가명·56) 씨. 그는 은퇴를 앞두고 월세가 잘 나오는 역세권 다세대주택을 사고 싶다. 부동산을 팔아 동원할 수 있는 재산은 15억 원 정도다. 은행 대출과 임대보증금을 안으면 20억 원 안팎의 다세대주택을 살 수 있다. 문제는 보유 부동산을 팔아야 원하는 바를 이룰 수 있다는 점이다. 하지만 그는 결심을 내리지 못하고 있다. 혹시 아파트를 팔고 나서 가격이 급등하지 않을까 하는 걱정이 앞서기 때문이다. 많은 중장년층이 장씨처럼 의사결정장애를 갖고 있다. 장씨는 "좌고우면하지 않고 과감한 결단이 필요하다는 것을 알지만, 솔직히 행동이 뒤따르지 않는다"고 고백한다.

누구나 갑작스러운 변화를 두려워한다. 현재에서 큰 변화를 주기 싫어하는 심리적 편향은 부동산 재설계의 큰 장애물이다. 누구나 쉽게 습관의 노예가 된다. 이러다 보니 한번 마음을 먹어보지만 막상 행동으로 옮기기는 쉽지 않다. 즉 골절상 이상의 고통을 감내하겠다는 결심이 없이는 행동으로 이어지기 어렵다. 그렇게 과감한 행동을 하지 못하는 것을 두고 자신의 우유부단한 성격을 탓한다.

혹시 욕심이 너무 많아서 결정을 못 내리는 건 아닐까? 때로는 자신에게 지독하고 매섭게 대해야 한다. 어찌 보면 절박하지 않아서 결정을 미루고 있는지도 모른다. 핵심 가치 외에는 나머지를 과감하게 버리지 않으면 원하는 바를 달성하기 어렵다. 강조하건대 한번 마음을 먹었으면 더는 뒤를 되돌아보지 마라.

파는 데에도 기술이 필요하다

성공적인 부동산 재설계는 팔고 싶은 부동산을 팔아야 가능하다. 그런데 부동산의 특성인 비환금성 문제나 양도세 부담으로 결정하기가 쉽지 않다.

먼저 비환금성 문제는 거래가 활발한 아파트라면 걱정이 덜하다. 가격만 낮춰 내놓으면 비교적 쉽게 팔린다. 하지만 지방 토지나 상가 등 비표준화된 부동산이 문제다. 계절이 몇 번 바뀌어도 매수자가 나타나지 않을 수 있으므로 아파트와는 다르게 접근하는 것이 필요하다.

비표준화된 부동산은 유통채널을 아는 것이 필수다. 현재 시골 땅을 전문적으로 팔아주는 전국 채널은 없다. 시골 땅은 동네 중개업소에서 사고팔기 때문에 이곳에 맡길 수밖에 없다. 조기 매각을 위해서는 논밭 인근 10곳 이상의 부동산중개업소에 매각을 의뢰하고 동네에도 소문을 내라. 중개업소에는 법정 중개보수 이상으로 후하게 수수료를 지급하겠다는 약속을 미리 해두는 게 좋다. 필요할 경우 연락처를 적은 플래카드를 논밭 진입로에 거는 것도 빠른 매각의 방법이다.

거래가 활발하지 않은 부동산은 매도자와 매수자 간 호가 차이가 생각보다 크다는 점도 유념해야 한다. 거래는 한쪽이 희망 가격을 포기하고 현실 가격을 받아들일 때 가능하다. 말하자면 양쪽 '힘의 균형'이 한쪽으로 기울어야 거래가 이뤄진다는 것이다. 매각이 절실하다면 받고 싶은 가격보다 팔릴 만한 가격을 제시하는 게 필요하다. 시골 땅은 굳이 순서를 따지지 말고 팔리는 것부터 먼저 팔아라. 아니, 내가 갖고 싶은 부동산부터 팔아라. 충청권에서 최근 3필지의 땅을 판 김진경(가명 · 57) 씨는 "팔고 싶은 매물은 안 팔리고 팔기 싫은 매물만 사겠다고 하더라"고 말했다. 내가 좋아하지 않는 부동산은 남들도 좋아하지 않는다. 싸게 팔아서, 다른 부동산을 싸게 산다는 마음 자세가 있어야 매각이 가능할 것이다.

또 하나, 팔 때 세금 부담도 고려해야 한다. 현실적으로 양도세는 부동산 재설계에 작지 않은 장벽으로 작용한다. 여러 부동산을 팔 때 양도세 부담을 줄일 수 있다면 재설계에 대한 의사결정이 좀 더 쉬울 것이다. 자, 두 가지만 체크하자.

먼저 다주택자의 경우다. 다주택자는 임대주택사업자 등록을 활용해 양도세를 줄일 방법을 찾는 게 좋다. 예를 들어보자. 서울 강남권에 28평형 아파트를 8년째 갖고 있는 김진형(가명·55) 씨. 그는 이 아파트 외에 수도권 주택(빌라)도 보유하고 있다. 김씨는 강남 아파트를 팔고 싶지만 양도세 부담이 무거워 엄두가 나지 않는다. 하지만 수도권 주택을 임대주택으로 묶으면 강남 아파트는 1가구 1주택자의 양도세 비과세 혜택을 받을 수 있다. 다만 조건이 있다. 강남 아파트는 보유 기간 중 2년 이상 거주해야 한다는 점, 수도권 주택은 기준시가 6억 원(지방 3억 원) 이하여야 임대주택에 등록할 수 있다는 점이다. 현재 매입 임대주택 등록의 경우 면적 기준에 대한 제한은 없다. 또 임대주택으로 등록한 수도권 주택은 등록일로부터 5년간 임대해야 세제상 불이익이 없다는 점을 잊지 말자.

또 여러 부동산을 동시에 매각하는 경우다. 한 해 2건 이상 부동산을 팔면 양도차익과 양도차손을 합산해 양도세를 매긴다. 손해가 난 부동산을 파는 해에 이익이 난 부동산을 함께 매각(잔금일과 소유권 이전 등기 신청일 중 빠른 날 기준)하면 양도세 부담을 줄일 수 있다. 즉 2건의 부동산 모두 이익이 많다면 1건은 다음 해에 팔아 양도차익이 많을수록 높은 세율을 적용하는 누진구조를 피하는 게 좋다는 것이다.

누구나 아는 답, 결국 실행력이다

많은 사람이 부동산 전문가들은 특별한 정보를 갖고 있을 것으로 지레짐작한다. 하지만 부동산 전문가들이 갖고 있는 정보 역시 대부분 인터넷에 나와 있는 것이다. 전문가들도 정보에 대해서는 평범한 개인이나 다름없다. 정보, 좀 더 나아가 정보를 정제한 지식을 많이 갖고 있다 해서 부자가 되는 건 아니다. 부동산 전문가 중 부자는 드물다.

오히려 주변의 부자들을 보면 그렇게 많은 정보나 지식을 보유하고 있지는 않은 것 같다. 부자들은 외국에서 박사학위를 딴 석학이 아니라 평범한 동네 아저씨나 아주머니일 뿐이다. 부자는 보통의 지식을 소리 없이 꾸준히 실천하는 실행력으로 만들어진다. 즉 지행합일知行合一의 가치를 아는 것이다.

대부분 사람은 부동산 재설계가 필요하다는 것을 알면서도, 이런저런 핑계를 내놓으며 막상 실행하지는 않는다. 내가 아는 것과 실천을 일치시키도록 노력하라. 답안은 누구나 알고 있다. 그러나 실행력을 담보하지 못하는 답안은 무용지물이다. 작은 지식이라도 실천하는 게 중요하다. 아는 지식을 10%만 실천해도 부자가 된다는

말이 있다. 참지식은 반드시 실행이 따라야 한다는 성현의 말씀을
잊지 말자.

PART 1 월급 없이도 든든하게 살 수 있다면

1 "철학자 박이문, '인생의 답 찾아 평생 헤맸지만 결국 답이 없다는 답을 얻었다'",
〈동아일보〉, 2014.07.14.

2 한국FP협회,《은퇴 설계 전문가 1》, 한국FP협회(2014), 16쪽.

3 마크 파버, 이현숙·구홍표 역,《내일의 금맥》, 필맥(2008), 18쪽.

4 켄 피셔·라라 호프만스, 이건 역,《주식시장의 17가지 미신》, 부키(2013), 뒤표지 내
용을 참고함.

5 K.E. 스타노비치, 신현정 역,《심리학의 오해》, 혜안(2013), 286쪽.

6 존 보글, 강남규 역,《존 보글 투자의 정석》, 국일증권경제연구소(2002), 25~27쪽.

7 네이버 지식백과 '노구능해(老嫗能解)' 참조.

8 필립 피셔, 박정태 역,《위대한 기업에 투자하라》, 굿모닝북스(2005), 267~269쪽.

9 에드윈 르페브르, 박성환 역,《어느 주식 투자자의 회상》, 이레미디어(2010), 273쪽.

10 연합인포맥스가 2016년 1월 12일 미래에셋대우증권 김학균 연구원의 보고서를 통
해 보도한 내용임.

11 박원갑,《부동산 미래쇼크》, 리더스북(2010), 161쪽.

12 국사편찬위원회의《조선왕조실록》데이터베이스 검색함.

13 티머시 빅, 김기준 역,《워런 버핏의 가치투자 전략》, 비즈니스북스(2005), 88~96쪽.

14 벤저민 그레이엄, 박진곤 역,《현명한 투자자》, 국일증권경제연구소(2007), 232쪽.

15 Boyer, B. H., Gibson, M. S., and Loretan, M.(1997), "Pitfalls in tests for changes in
correlations", International Finance Discussion Papers, Board of Governors of the
Federal Reserve System, Vol.597, p.1; 이강용(2016), "주택시장과 주식시장 간의 가격
동학 비교 - 상관성과 군집행태를 중심으로", 강원대학교 부동산학 박사학위 논문,
11쪽 재인용.

16 금융위원회, '똑똑한 금융내비게이션' 참고.

17 송승용,《재테크 쇼크》, 웅진윙스(2010), 27쪽.

18 네이버 복리계산기 참고.

19 행복한 은퇴발전연구소, "제18회 초고령 일본의 자산관리, 무엇이 다른가(일본특집 1부)", 2016년 8월 18일 자 팟캐스트 좌담회 요약.

PART 2 나한테 맞는 투자법을 찾아라

1   김동범, 《펀드투자 흥하는 길 망하는 길》, 중앙경제평론사(2007), 25쪽.

2   잭 슈웨거, 임기홍 역, 《시장의 마법사들》, 이레미디어(2008), 317~318쪽.

3   "종신 고객 지키자… 보험료 깎는 보험사", 서울경제TV, 2016.8.5.

4   "저축성보험 함정… 10년 이상 유지 안 하면 손해", 〈매일경제〉, 2012.3.26.

5   이강용(2016), "주택시장과 주식시장 간의 가격동학 비교 - 상관성과 군집행태를 중심으로", 강원대학교 부동산학 박사학위 논문, 114~116쪽; 김상환(2013), "우리나라 주식시장에서의 군집행태 검증", 한국경제연구, 제31권 제3호, 한국경제연구학회, 117~144쪽.

6   혼마 무네히사, 이형도 편, 《거래의 신 혼마》, 이레미디어(2008), 248~249쪽.

7   벤저민 그레이엄, 박진곤 역, 《현명한 투자자》, 국일증권경제연구소(2007), 18쪽.

8   허영만, 《꼴 2》, 위즈덤하우스(2008), 89쪽.

9   토마 피케티, 장경덕 역, 《21세기 자본》, 글항아리(2014), 70쪽.

10 로버트 코펠, 권성희 역, 《투자와 비이성적 마인드》, 비즈니스북스(2013), 250쪽.

11 잭 슈웨거, 임기홍 역, 《시장의 마법사들》, 이레미디어(2008), 180쪽.

12 로버트 마일즈, 권루시안 역, 《워런 버핏 실전 가치투자》, 황매(2006), 134쪽.

13 마크 파버, 이현숙·구홍표 역, 《내일의 금맥》, 필맥(2008), 80~111쪽.

14 댄 애리얼리, 장석훈 역, 《상식 밖의 경제학》, 청림출판(2008), 117~118쪽.

15 "이외수, 스스로 갇히는 것도 씻지 않는 것도 자유다", 〈스포츠동아〉, 2013.11.8.

16 표윤봉(2016), "대한민국 90%를 위한 재무 설계 상담: 소비관리 A to Z", 한국FP협회 FP컨퍼런스 2016 자료집 참고.

17 "작가 이외수는 왜 스스로 감옥 철창에 들어갔을까?", 〈동아일보〉, 2014.1.9.

18 송경섭 외(2012), "부동산시장의 주택 매매가격종합지수와 종합주가지수(KOSPI) 및 산업별지수의 상관관계", 부동산학보, 제48집, 한국부동산학회, 91쪽.

19 티머시 빅, 김기준 역, 《워런 버핏의 가치투자 전략》, 비즈니스북스(2005), 137쪽.

20 이근우, 《영악한 경제학》, 센추리원(2015), 111~113쪽.

21 잭 슈웨거, 임기홍 역, 《시장의 마법사들》, 이레미디어(2008), 127쪽.

PART 3 흔들리지 않는 부동산 성공 법칙

1   "경매 시장 노린다… 건물주 꿈꾸는 청년들", 〈SBS 뉴스토리〉, 2016.8.27.
2   엠제이 드마코, 신소영 역, 《부의 추월차선》, 토트출판사(2013), 174쪽.
3   국토교통부에 따르면 2015년 상업용 부동산의 투자수익률은 연 5.8~7.3%다.
4   "싱글이 기혼보다 행복지수 높아… 고소득 워킹맘 최저", 〈연합뉴스〉, 2016.11.21.
5   바스 카스트, 정인회 역, 《선택의 조건》, 한국경제신문사(2012), 265쪽.
6   서준식, 《왜 채권쟁이들이 주식으로 돈을 잘 벌까?》, 스노우볼(2015), 24쪽.
7   피터 린치 · 존 로스차일드, 권성희 역, 《피터 린치의 이기는 투자》, 흐름출판(2008), 30쪽.
8   피터 린치 · 존 로스차일드, 권성희 역, 《피터 린치의 이기는 투자》, 흐름출판(2008), 70쪽.
9   "일본 사례로 보는 노인의 나라", 〈이코노미스트〉, 2016.5.2.
10 오노레 드 발자크, 박영근 역, 《고리오 영감》, 민음사(2000); 네이버 지식백과 참조.
11 "이규연의 미래 탐사② '죽을 때까지 재산 못 줘! … 노노(老老)상속 시대가 온다", 〈중앙일보〉, 2016.2.5.
12 "대기업 직장인, 가장 빨리 부자 되는 방법 1위 상속, 2위는 로또", 〈아시아경제〉, 2016.3.4.
13 우재룡 · 송양민, 《100세 시대 은퇴 대사전》, 21세기북스(2014), 279쪽.
14 우재룡 · 송양민, 《100세 시대 은퇴 대사전》, 21세기북스(2014), 293쪽.
15 로저 R. 호크, 유연옥 역, 《심리학을 변화시킨 40가지 연구》, 학지사(2001). 271쪽.

PART 4 실속 있는 맞춤형 전략을 짜라

1   김기용 · 이창무(2010), "고령화 사회와 주택 수요", 대한국토도시계획학회, 춘계산학협동학술대회 자료집; 김현수(2014), "은퇴 후 주거만족도 및 주거이동 행태 분석에 관한 연구", 서울벤처대학원대학교 부동산학 박사학위 논문, 17쪽.
2   "아파트 매매, 60대 이상이 큰손", 〈헤럴드경제〉, 2017. 1. 14.
3   주택산업연구원, "베이비붐 세대 은퇴 후에도 주택 소유와 규모 상향 욕구 높다" 보도자료, 2012년 8월 30일 자.
4   김현수(2014), "은퇴 후 주거만족도 및 주거이동 행태 분석에 관한 연구", 서울벤처대학원대학교 부동산학 박사학위 논문, 18쪽.
5   최성환, "자식에 손 벌리지 말고 주택연금으로 내 돈 쓰자", 〈조선일보〉, 2016.9.23.

6　김경록, "장수사회, 돈의 수명을 늘려라", 〈중앙일보〉, 2016.7.21.

7　앙드레 코스톨라니, 김재경 역, 《돈, 뜨겁게 사랑하고 차갑게 다루어라》, 미래의창 (2005), 89~90쪽.

8　우재룡·송양민, 《100세 시대 은퇴 대사전》, 21세기북스(2014), 43쪽.

9　우재룡·송양민, 《100세 시대 은퇴 대사전》, 21세기북스(2014), 258쪽.

10　이제경, 《All Ready?》, 매일경제신문사(2006), 36쪽.

11　김준형 외(2012), "은퇴 이후의 주거입지: 서울거주 인구를 중심으로", 대한국토도 시계획학회, 국토계획, 제47권 제3호, 171쪽.

12　이근우, 《영악한 경제학》, 센추리원(2015), 102쪽.

13　"투자 구루들의 인덱스펀드 예찬", 〈머니투데이〉, 2016.5.12.

14　전은성 외, 《100세 시대 부동산 은퇴 설계》, 나눔북스(2015), 46~53쪽.

15　"물바다 강남역 배수시설 뜯어고친다", 〈동아일보〉, 2015.3.18.

16　이정훈(2016), "상가주택 개발사례 및 투자 포인트", 한국FP협회 FP컨퍼런스 2016 자료집 참고.

17　고레카와 긴조, 강금철 역, 《고레카와 긴조》, 이레미디어(2006), 238쪽.

18　"같은 여성 3번이나… 맞선만 1000번 40대男, 파란만장한 만남사", 〈쿠키뉴스〉, 2013.3.17.

PART 5 노후 걱정 없는 부동산 재설계

1　고레카와 긴조, 강금철 역, 《고레카와 긴조》, 이레미디어(2006), 259쪽.

2　엠제이 드마코, 신소영 역, 《부의 추월차선》, 토트출판사(2013), 123쪽.

3　네이버 지식백과 참조.

박원갑의 부동산 투자 원칙

제1판 1쇄 발행 | 2017년 2월 24일
제1판 4쇄 발행 | 2018년 10월 30일

지은이 | 박원갑
펴낸이 | 한경준
펴낸곳 | 한국경제신문 한경BP
책임편집 | 추경아
저작권 | 백상아
홍보 | 정준희 · 조아라
마케팅 | 배한일 · 김규형
디자인 | 김홍신

주소 | 서울특별시 중구 청파로 463
기획출판팀 | 02-3604-553~6
영업마케팅팀 | 02-3604-595, 583 FAX | 02-3604-599
H | http://bp.hankyung.com   E | bp@hankyung.com
T | @hankbp   F | www.facebook.com/hankyungbp
등록 | 제 2-315(1967. 5. 15)

ISBN 978-89-475-4185-5   03320